왜 믿어야 하죠?

왜 믿어야 하죠?

2018년 5월 1일   제1판 1쇄 발행
지은이   김 만 홍
펴낸이   김 만 홍
펴낸곳   도서출판 예지

인천광역시 계양구 계양문화로 168, 319-304호
전 화   010-2393-9191
등 록   2005. 5. 12. 제387-2005-00010호
ⓒ 김 만 홍 2018

정가 7,000원
ISBN 978-89-93387-36-0 03230

공급처 : 하늘유통 031) 947-7777

왜 믿어야 하죠?

김만홍

예지

목 차

CHAPTER 1

성경의 내용이 진리이기 때문입니다

왜 하나님을 믿어야할까요?

성경은 하나님의 말씀으로 모든 내용이 참된 진리이기 때문입니다.

성경은 하나님이 어떤 분인지 그리고 우리 인간이 어떤 존재인지 그리고 우리 인간이 왜 하나님을 믿어야 하는지를 정확하게 알려줍니다.

성경은 하나님이 거하시는 하늘나라가 어떤 곳이며, 믿지 않는 죄인들이 들어가는 지옥이 어떤 곳이며, 왜 우리 인간이 죄인인지, 죄인인 우리 인간이 어떻게 구원을 받고 하늘나라에 들어갈 수 있는지를 정확하게 알려주는 책입니다.

성경의 기록 목적을 알려주는 말씀은 요한복음 20장 31절입니다.

"오직 이것을 기록함은 너희로 예수께서 하나님의 아들 그리스도이심을 믿게 하려 함이요 또 너희로 믿고 그 이름을 힘입어 생명을 얻게 하려 함이니라"(요 20:31)

그러므로 우리는 성경을 통해서 예수님이 하나님의 아들이라는 사실을 믿어야 하며, 그분을 통해서 생명을 얻어야 합니다.

그러므로 성경이 사실이 아니고 진리가 아니라면 우리는 하나님을 믿지 않아도 상관이 없습니다. 하지만 성경의 모든 내용이 참된 진리라면 우리는 반드시 하나님을 믿어야 합니다.

1. 성경의 핵심은 무엇일까요?

하나님의 말씀인 성경은 하나님이 우리 인간에게 보낸 사랑의 편지입니다. 그러므로 어거스틴은 "성경은 하늘나라로부터 온 한통의 편지입니다. 나는 어린 시절부터 백발의 노인이 되기까지 나의 모든 여가 시간에 지칠 줄 모르는 열심을 가지고 성경을 읽어 왔으며, 지금도 날마다 그 속에서 새로운 보화를 발견하고 있습니다."라고 말했습니다.

우리가 가지고 있는 성경은 과거에 기록된 말씀입니다.

그러나 하나님은 과거에 말씀하셨을 뿐만 아니라 이미 기록된 성경을 통해서 오늘도 말씀하고 계십니다. 그래서 도날드 G. 반하우스는 "성경을 이해하는 지름길은 하나님께서 모든 부분에서 말씀하고 계시다는 사실을 받아들이는 것입니다."라고 말했습니다.

우리 하나님께서 우리 인간에게 바라시는 것은 우리가 그분과의 관계 속에서 살아가는 것입니다. 그러므로 우리 하나님은 그분의 말씀인 성경을 통해서 우리에게 매일 매일 말씀하십니다.

성경의 핵심은 예수 그리스도를 통해서 하나님과의 관계 안으로 들어가는 방법을 우리에게 보여주는 것입니다. 예수님은 "너희는 성경에서 영원한 생명을 얻는 줄로 생각하고 성경을 부지런히 연구하고 있는데 바로 이 성경이 나를 증거하고 있느니라. 그런데도 너희는 나에게 와서 영원한 생명을 얻으려고 하지 않고 있구나"(요 5:39-40)라고 말씀하셨습니다. 그러므로 성경을 읽으면서 예수 그리스도를 만나지 못하면 아무런 소용이 없습니다.

우리가 예수 그리스도를 사랑한다면, 당연히 성경도 사랑하게 될 것입니다. 왜냐하면 성경이 예수님에 관하여 우리에게 말씀하고 있기 때문입니다.

하나님과의 관계는 그분이 성경을 통해서 우리에게 말씀하시면 우리는 하나님의 말씀을 듣고 기도로 하나님께 말씀을 드리는 것입니다. 하나님께서는 이미 말씀하셨던 성경을 통해서 오늘 우리에게 말씀하십니다. 따라서 성경은 살아있는 책이기 때문에 우리에게 믿음을 갖게 합니다.

"그러므로 믿음은 들음에서 나며 들음은 그리스도의 말씀으로 말미암았느니라, 오직 이것을 기록함은 너희로 예수께서 하나님의 아들 그리스도이심을 믿게 하려 함이요 또 너희로 믿고 그 이름을 힘입어 생명을 얻게 하려 함이니라"(롬 10:17, 요 20:31)

사람의 궁극적인 운명은 새로운 지식을 습득하거나 새로운 발견을 하거나 무엇을 정복하여 이룩할 수 있느냐에 달려 있는 것이 아니라, 약 2000년 전에 기록된 성경의 교훈을 어떻게 받아들이느냐에 달려 있습니다. 성경은 우리 인간에게 구원에 이르게 하는 지혜를 가르쳐주는 책입니다(딤후 3:15).

그러므로 우리는 성경에서 영생을 얻을 수 있는 방법을 찾을 수 있습니다. 성경을 떠나서는 하나님이 주시는 구원을 알 도리가 없습니다. 성경에는 구원 얻는 방법이 자세히 기록되어 있기 때문입니다.

그러므로 윌리암 비더울은 "신약성경을 읽고도 예수 그리스도가 우리의 구원자라는 사실을 알지 못하는 사람은 구름 한 점 없는 대낮에 높은 하늘을 쳐다보면서도 태양을 보지 못하는 사람과 같습니다."라고 말했습니다. 그러므로 우리는 하나님께서 우리에게 구원의 진리를 주시지 않았다고 말하기 전에 먼저 성경을 알아야 합니다.

사실 성경은 너무나 방대한 책입니다. 성경은 한 권의 책이 아니라 신약은 27권, 구약은 39권, 모두 합하면 66권으로 성경전서라고 부릅니다. 그러므로 성경 전체를 이루기 위해 1,600년이라는 기간이 걸렸습니다. 모세가 구약 창세기를 기록한 때로부터 사도 요한이 요한계시록을 기록한 때까지의 기간이 1,600년이나 걸린 것입니다.

이 지구상에 1,600년이 걸려서 완성된 책이 있을까요?

당연히 없습니다. 이렇게 오랜 기간을 통해서 기록되고 완성되었기 때문에 성경은 이해하기가 어렵고 특히 예언서의 경우는 더 어렵습니다. 특히 성경은 AD 100년경에 이미 기록이 끝났습니다. 성경기록이 끝난 시점에서 오늘의 현대와의 시간적 간격이 무려 약 2,000년이나 됩니다.

성경이 기록된 당시와 오늘의 현대를 비교해 보면 모든 것이 달라지고 변했습니다. 사회, 문화, 언어, 풍습 등 다양하게 변화되었습니다. 그러다 보니 긴 세월이 흐르는 동안 그 내용이 바꾸어지지 않았나 하는 의심을 받고 있습니다.

그렇다면 성경이 참된 진리라는 것을 어떻게 알 수 있을까요?

2. 성경의 원본과 사본학

우리는 성경의 원본을 연구하는 사본학을 통해서 성경이 진리라는 것을 증명할 수 있습니다. 우리는 원본 연구라는 과학을 통해 성경의 저자들이 쓴 내용을 정확히 알 수 있습니다. 사실 원본이 그대로 보존된 경우는 거의 없습니다. 그러므로 원본에서 만들어진 사본이 얼마나 믿을 만한 것인가를 검증해야 합니다.

그러므로 오늘날 현존하는 사본의 수가 얼마나 많은가, 원본과 사본이 제작된 연대와의 시간적 간격이 얼마나 차이가 나는가를 검토해야 합니다. 그러므로 사본이 많으면 많을수록 원본에 대한 의심은 적어집니다.

구약성경의 원본은 BC 400년경에 완성되었지만 마소라 사본은 AD 1000년에 완성되었습니다. 하지만 AD 1년경에 완성된 사해 사본이 1947년에 발견되어 구약성경 원본과 사본의 시간적 간격은 300-400년 정도밖에 되지 않습니다.

신약 성경에 기록된 증거들은 더 확실합니다. 사실 신약은 오래 전 AD 40-100년 사이에 쓰여 졌습니다. 맨체스터 대학의 성경 비평학과 성서 해석학 교수였던 F. F. 브루스는 「신약 성경의 기록은 믿을 만한가?」라는 자신의 책에서 다른 역사적인 저서들과 텍스트를 비교함으로써 신약 성경이 얼마나 풍부한 원본의 증거들을 가지고 있는지를 증명했습니다. 사람들은 아주 적은 수의 사본만 있어도 그것을 진리로 받아드리고 있기 때문입니다.

BC 58-50년 사이에 쓰여 진 케사르의 「갤릭 전쟁」이라는 책은 AD 900년 경에 쓰여 진 사본이 9-10개 밖에 없기 때문에 이 역사책은 원본과 사본의 시간적 간격이 무려 950년이나 됩니다.

BC 59년에서 AD 17년 사이에 쓰여 진 리비의 「로마의 역사」라는 책도 AD 900년 경에 쓰여 진 사본이 20개밖에 없기 때문에 이 역사책도 원본과 사본의 간격이 900년이나 됩니다.

AD 100년에 쓰여 진 타시투스의 14권의 역사책은 AD 1000년 경에 쓰여 진 20개의 사본이 남아 있기 때문에 이 역사책도 원본과 사본의 간격이 1000년이나 됩니다.

BC 460-400년 사이에 쓰여 진 투시디데스의 역사책도 AD 900년 경에 쓰여 진 8개의 사본이 있기 때문에 이 역사책의 원본과 사본의 시간적 간격도 무려 1300년이나 됩니다.

BC 488-428년에 쓰여 진 헤로도토스의 역사책도 AD 900년 경에 쓰여 진 8개의 사본이 있기 때문에 이 역사책도 원본과 사본의 간격이 무려 1300년이나 됩니다.

이러한 엄청난 시간의 간격과 비교적 사본의 수가 적지만 이 저서들의 신뢰성을 의심하는 고전 역사학자들은 거의 없습니다.

그렇다면 이제 신약 성경은 어떻습니까?

신약 성경에 관한한 우리는 풍부한 자료들을 가지고 있습니다.

신약 성경의 원본은 AD 40-100년 사이에 쓰여 졌는데, AD 350년에 쓰여 진 신약 전체의 완전한 사본과 3세기에 쓰여 진 신약의 내용을 거의

다 포함된 파피루스와 AD 130년 경의 것으로 추정되는 요한복음의 일부도 있습니다.

그러므로 원본과 사본의 시간적 간격은 300년 밖에 되지 않습니다.

또한 사본의 숫자도 헬라어로 기록된 사본이 5,600개나 되고, 라틴어로 기록된 사본이 10,000개 이상이고, 다른 언어로 기록된 사본이 9,300개나 됩니다. 따라서 우리는 신약 성경의 신뢰성과 완전무결함을 증명한 것입니다.

3. 성경의 고고학

우리는 성경의 유물을 발굴하는 고고학을 통해서 성경이 진리라는 것을 증명할 수 있습니다. 그러므로 이스라엘의 유명한 고고학자 넬슨 글루엑은 "고고학적 발굴이 성경의 기록과 충돌된 적은 전혀 없습니다."라고 말했습니다.

그런가하면 현대 고고학의 거성으로 알려진 미국 존스 합킨스 대학교 교수였던 윌리엄 올브라이트 박사는 이스라엘 지역에서 여러 번의 걸쳐 발굴 작업을 한 결과 성경의 신빙성을 더 인정할 수밖에 없었습니다. 그는 "고고학이 구약 성경 전통의 역사성을 증명한다는 데에는 의심의 여지가 없습니다. 발굴을 거듭하면 할수록 성경의 기록이 놀라우리만큼 세세한 부분까지도 정확하다는 것이 증명되었습니다."라고 말했습니다.

특히 아라랏 산에서 발견된 노아의 방주를 통해서 성경이 사실이라는 것이 입증되었습니다.

"일곱째 달 곧 그 달 열이렛날에 방주가 아라랏 산에 머물렀으며"(창 8:4)

노아 홍수 후에 물이 점점 감하므로 노아와 그의 가족들이 탄 방주가 높은 산에 머물렀으니 그 산이 바로 아라랏 산이었습니다. 많은 사람들이 신화처럼 여겨왔던 노아 방주가 이제 성경에 기록된 그대로 아라랏 산 얼음 속에서 발견되었고, 많은 사람들이 실제로 아라랏 산에 올라가서 확인해 보고 성경에 있는 노아의 방주가 틀림없다는 확증을 얻게 되었습니다.

여기 노아 방주에 관련된 국내 신문기사 몇 가지를 소개하면 다음과 같습니다. 일간스포츠는 1974년 4월 1일자에서

"노아의 방주는 아라라트 산 정상의 얼음 속에 있다. NASA 인공위성 사진 분석이 발단이 되어 성경 고고학자들이 현지탐험을 서둘렀다"라고 발표했습니다.

복음신보는 1974년 3월의 내용에서

"인공위성과 성서의 신비라는 제목으로 노아의 방주는 아라랏 산정 얼음 속에 있다. 과학으로 부정했던 성경 속 신비가 이제는 과학으로 증명하게 됐다."라고 발표했습니다.

주간조선은 1988년 9월 4일의 내용에서

"터키 아라라트 산 '노아의 방주 묻힌 곳' 해발 5,165m에 관광객 붐빈다"라고 발표했습니다. 동아일보는 1984년 8월 27일의 내용에서 "노아의 방주는 터키 아라라트 산에서 찾았다. 구약성서에 나오는 것과 모양

과 크기 같았으며, 미국 탐험대는 해발 4,585m에서 노아 방주를 발견했다."라고 발표했습니다.

조선일보는 1970년 7월 4일의 내용에서

"고고학자들을 깜짝 놀라게 한 「노아의 방주」를 발견했다."고 발표했습니다.

일간스포츠는 다시 1977년 4월 2일의 내용에서

"노아의 방주는 수세기 동안 여러 번 발견됐었으며, 1916년 낙하산으로 투하된 러시아 군대 150명은 실제로 방주 안에 들어가 보고 크기를 재었으며, 사진도 찍었다고 말했다. 이들은 방주 안에서 쇠창살이 달린 짐승 우리와 짐승의 털 그 밖에 유품들을 발견하고 돌아와 황제(니콜라이 2세)에게 자세히 보고했으나 곧 볼세비키 혁명이 일어나 이 같은 종교적인 사실은 묻혀 버리고 말았다고 한다. 이 중 살아남은 4명의 러시아인들이 후에 미국과 캐나다에 와서 들려준 경험담을 듣고 '74년 탐험을 감행한 2명의 미국인은 터키의 아라랏 산 중턱에서(약 5,000m) 방주로 믿어지는 배의 600m 부근까지 접근했으나 심한 구름과 안개 그리고 시간이 없었기 때문에 돌아올 수밖에 없었다. 그들은 '노아의 방주 재발견' '노아의 방주를 찾아서'라는 책을 출판했다."라고 발표했습니다.

조선일보는 다시 1974년 7월 6일의 내용에서

"표고 5,165m의 아라랏 산은 구약성서 창세기에 기록된 그 유명한 노아의 방주가 멎었던 산이다. 이곳을 지나간 고금의 모든 여행가들은 이 노아의 방주의 산에 대해 언급해 놓고 있으며, 이를 확인하기 위한 탐험대가 1829년에서 1955년 사이에 이르기까지 수십 차례 파견돼 오기도 했었다. 1883년 터키 군부에서 파견된 탐험대가 정상 부근의 빙하에서 거대한 골조의 목조물을 발견하였고, 1916년에는 러시아 군부에서 150명에 이르는 탐험대를 파견 거대한 배의 유해를 발견했었다. 프랑스의 탐험가 페르난드 나바라는 18년 동안 노아의 홍수와 방주에 관한 면밀한 문헌 조사 끝에 그 진실성을 인정하였고, 1952년부터 3년간에 걸쳐 현지 탐사를 감행했다. 그는 4,100m 지점에서 거대한 배의 현(舷) 부분을 발굴, 1m 50㎝로 잘라서 짊어지고 돌아왔다. 전문가의 감정결과 구약성서시대의 목재임이 틀림없다는 고증을 얻은 것이었다."라고 발표했습니다.

중앙일보는 1984년 8월 27일의 내용에서

"터키에서 노아 방주 발견이라는 제목으로 미국 제임스 어윈이 터키 동부 해발 5,165m의 아라라트 산에서 구약성경에 나오는 노아의 방주를 발견했다고 주장했다. 탐사대장 스틴펀스는 앙카라의 미국 문화원에 전화를 걸어 제임스 어윈이 지난 22일 이 산을 등반한 뒤 방주를 발견했다고 전하고 공식발표를 하기 위해 문화원 측에 기자회견을 해 두도록 요청했다고 발표했다."라고 발표했습니다.

아라랏 산은 현재 터키에 있는 해발 5165m 이상의 고산지대입니다. 이 산은 지난 수백 년간 기독교 성경의 노아의 방주 목격설이 있던 곳으로, 현재까지 이곳은 많은 나라의 탐험가들이 산 밑에 거주를 하며, 끊임없이 방주를 찾고 있습니다.

과거 수백 년간 탐험가들과 인근 주민들은 노아의 방주와 그 유물을 찾기 위하여 아라랏 산을 등반했고, 방주를 발견하거나 방주의 잔해 조각을 가지고 온 기록은 아래와 같습니다.

1886년 제임스 브라우스는 단독으로 아라랏 산을 등반하던 중 방주 조각으로 보이는 돌같이 굳은 목재를 가지고 왔습니다.

1887년 죠셉 노우리는 방주를 발견했는데 그 위치는 나무가 한 번도 자란 적이 없는 불모지였습니다.

1905년 목동인 야곱은 잃어버린 염소를 찾아 가다가 방주를 발견하였습니다.

1908년 목동인 죠지는 아라랏 산에서 방주를 보았습니다.

1916년 러시아 군인이 비행 중 방주를 발견하였습니다.

1936년 뉴질랜드인 하드위크 나이트는 아라랏 산 등반 중 직사각형의 선재(船材)를 우연히 발견했습니다.

그는 다음과 같이 증언했는데

"방주에 대한 성경의 설명은 명백한 사실이다. 방주는 목재로 만들어진 거대한 배였다. 방주가 매우 거대한 규모로 만들어졌다는 목재의 크기를 보고 능히 추정할 수 있었다. 선체의 대부분은 눈 속에 묻혀 있었기 때문에 그 내부구조를 살펴볼 수 없었다."라고 말했습니다.

1938년 존 몽고메리는 소련 공군의 한 조종사로서 아라랏 산 공중 탐사 중 해발 14,000 피트(4.2km) 상공에서 얼음 밖으로 약 80-90피트(27m)쯤 튀어나온 방주의 사진을 찍었습니다.

1948년 9월 레쉬트라는 쿠르드인 농부는 협곡에서 녹은 얼음 위로 드러나 있는 방주의 뱃머리를 발견했습니다. 뱃머리는 거의 완전하게 드러나 있었으며 방주의 대부분은 아직도 빙하 속에 감추어져 있었습니다. 그는 당시의 목격담을 이렇게 말하고 있습니다.

"나는 전에 배라는 것을 한 번도 본 적이 없지만 방주를 목격했을 때 그것이 배라는 것을 직감했습니다."

1952년 미국인 죠지 제퍼슨 그린은 헬리콥터로 100미터 위에서 6장의 선명한 방주의 사진을 찍었습니다.

그 사진을 실제로 본 어느 미국인은

"솔직히 고백해서 나는 성경을 믿어본 적이 없었습니다. 하지만 그 사진을 보고 성경의 기록이 사실이요, 성경의 말씀이 진리라는 것을 알게 되었지요."라고 말했습니다.

(출처: http://cafe.daum.net/amos9/I7sU/184)

2010년에 터키와 중국의 연합 탐사대가 아라랏 산 3636m에서 방주를 발견했습니다.

4. 성경의 과학적 증거

우리는 성경의 과학적 증거를 통해서 성경이 진리라는 것을 증명할 수 있습니다. 성경은 과학의 교과서가 아니라 구원의 진리에 관한 책입니다. 그럼에도 불구하고 성경에는 과학적인 진리들이 많이 나타나고 있습니다.

성경이 기록될 시대에는 많은 비과학적인 관념들이 성행했었다는 사실들을 고려해 볼 때 우리는 그 옛날 성경을 기록한 사람들이 이와 같은 과학적 사실을 언급할 수 있었다는 점에 대해서 경탄을 금할 수 없습니다. 결국 이 사실은 성경이 하나님의 영감으로 기록되었다는 사실을 입증해 주는 것입니다.

성경에 나타난 과학적인 사실들을 살펴보면 다음과 같습니다.

첫째로 우리는 성경에서 천문학을 발견할 수 있습니다.

예레미야 33장 22절을 살펴보십시오.

"하늘의 만상은 셀 수 없으며 바다의 모래는 측량할 수 없나니 내가 그와 같이 내 종 다윗의 자손과 나를 섬기는 레위인을 번성하게 하리라 하시니라"

이 말씀은 하늘의 수많은 별들은 셀 수 없을 정도로 많다고 말해주고 있습니다. 17세기에 와서 망원경이 발견되어 지구가 속해 있는 은하계에 천억 개의 별이 있고, 이와 같은 은하계가 우주에는 수십억 개가 있다는 것이 밝혀졌습니다. 그러나 B. C. 627-586년경에 기록된 예레미야서는 사람이 셀 수 없을 정도로 별들이 많다고 이미 밝혀주고 있습니다.

또한 시편 19편 5-6절을 살펴보십시오.

"해는 그의 신방에서 나오는 신랑과 같고 그의 길을 달리기 기뻐하는 장사 같아서 하늘 이 끝에서 나와서 하늘 저 끝까지 운행함이여 그의 열기에서 피할 자가 없도다"

이 말씀은 태양이 하늘 이 끝에서 하늘 저 끝까지 운행한다는 사실을 설명해주고 있습니다. 태양은 태양계에 속해 있는 모든 혹성과 함께 일주하는데 2억년 걸리는 거대한 궤도를 시속 96km의 속도로 운행하고 있습니다.

둘째로 우리는 성경에서 지구과학을 발견할 수 있습니다.

이사야 40장 21-22절을 살펴보십시오.

"너희가 알지 못하였느냐 너희가 듣지 못하였느냐 태초부터 너희에게 전하지 아니하였느냐 땅의 기초가 창조될 때부터 너희가 깨닫지 못하였느냐 그는 땅 위 궁창에 앉으시나니 땅에 사는 사람들은 메뚜기 같으니라 그가 하늘을 차일 같이 펴셨으며 거주할 천막 같이 치셨고"

이사야서는 B. C. 700년 경에 기록되었는데 지구가 둥글다는 사실을 기록하고 있습니다. 궁창이란 천정을 의미하는 것으로서 지구가 둥글다는 의미가 포함되어 있습니다.

사실 지구가 둥글다는 것은 16세기에 코페르니쿠스(Copernicus)가 처음으로 주장한 것입니다.

또한 욥기 26장 7절을 살펴보십시오.

"그는 북쪽을 허공에 펴시며 땅을 아무것도 없는 곳에 매다시며"

B. C. 2000년 경에 기록된 욥기는 지구를 공간에 떠있게 하셨다고 증언하고 있습니다.

그러나 18세기에 뉴턴(Newton)은 지구가 허공에 떠 있으며, 지구 사이에 보이지 않는 인력이 있어 지구를 붙잡고 있다고 주장했습니다.

또한 욥기 28장 5절을 살펴보십시오.

"음식은 땅으로부터 나오나 그 밑은 불처럼 변하였도다"

지구 내부에 어떤 물질이 있는지는 분명하지 않으나 고온과 고압이 있는 것은 분명합니다.

욥기에서도 땅 밑은 불로 뒤집는 것 같다고 밝히고 있습니다.

셋째로 우리는 성경에서 기상학을 발견할 수 있습니다.

욥기 36장 27-29절을 살펴보십시오.

"그가 물방울을 가늘게 하시며 빗방울이 증발하여 안개가 되게 하시도다 그것이 구름에서 내려 많은 사람에게 쏟아지느니라 겹겹이 쌓인 구름과 그의 장막의 우렛소리를 누가 능히 깨달으랴"

이 말씀은 물은 태양을 통해 증발시켜 수증기와 안개와 구름이 되게 하여 비를 만들어 공중에서 내리게 한다고 소개하고 있습니다.

그러나 16-17세기에 와서 페라울트(Perrault)와 마리오테(Edme Mariotte)의 실험을 통해서 증발-응결-강수-증발로 이어지는 물의 순환이 이해된 것입니다.

또한 전도서 1장 6절을 살펴보십시오.

"바람은 남으로 불다가 북으로 돌아가며 이리 돌며 저리 돌아 바람은 그 불던 곳으로 돌아가고"

17세기에 하들리(George Hadley)는 기단이 양극에서 적도로 움직이는 현상을 발견했습니다.

그리고 19세기에 코리올리(G. Coriolis)는 회전하는 물체의 표면에서 회전 방향과 다를 방향으로 움직이는 물체는 회전 방향에 따라 왼쪽 또는 오른쪽으로 휘어진다는 사실을 발견했습니다.

그러나 B. C. 935년경에 기록된 전도서는 바람의 현상을 이렇게 자세히 기록하고 있습니다.

또한 시편 135편 7절을 살펴보십시오.

"안개를 땅 끝에서 일으키시며 비를 위하여 번개를 만드시며 바람을 그 곳간에서 내시는도다”

이 말씀은 번개의 현상을 기록하고 있는데 전기가 충전되어 있는 번개는 대기 중의 미세한 물방울(수증기)을 결합시키는 역할을 합니다.

넷째로 우리는 성경에서 해양학을 발견할 수 있습니다.

다음 말씀들을 살펴보십시오.

“배들을 바다에 띄우며 큰 물에서 일을 하는 자는 공중의 새와 바다의 물고기와 바닷길에 다니는 것이니이다, 모든 강물은 다 바다로 흐르되 바다를 채우지 못하며 강물은 어느 곳으로 흐르든지 그리로 연하여 흐르느니라”(시 107:23, 8:8, 전 1:7)

15세기에 포루투칼의 헨리(Prince Henry) 왕자가 해류의 존재를 최초로 인식했습니다. 해로 발견자로 알려진 마우리(Matthew Maury)는 앞의 말씀에서 영감을 받아 발견했다고 고백하고 있습니다.

다섯째로 우리는 성경에서 해부학을 발견할 수 있습니다.

레위기 17장 11절을 살펴보십시오.

“육체의 생명은 피에 있음이라 내가 이 피를 너희에게 주어 제단에 뿌려 너희의 생명을 위하여 속죄하게 하였나니 생명이 피에 있으므로 피가 죄를 속하느니라”

피는 신체의 각 세포에 산소와 물과 양분을 공급하며, 세균과 싸우며, 상처 난 피부 조직을 원상회복 시키는 역할을 합니다.

시편 103편 13-14절을 살펴보십시오.

"아버지가 자식을 긍휼히 여김 같이 여호와께서는 자기를 경외하는 자를 긍휼히 여기시나니 이는 그가 우리의 체질을 아시며 우리가 단지 먼지뿐임을 기억하심이로다"

이 말씀은 우리 몸이 흙으로 지어진 존재로 밝히고 있습니다.

19세기 초에 이르러 인체를 구성하는 광물질을 화학적으로 분석해 본 결과 96가지 성분으로 구성된 흙과 같은 물질이라는 사실이 밝혀졌습니다.

여섯째로 우리는 성경에서 보건 위생학을 발견할 수 있습니다.

레위기 11장 7-8절을 살펴보십시오.

"돼지는 굽이 갈라져 쪽발이로되 새김질을 못하므로 너희에게 부정하니 너희는 이러한 고기를 먹지 말고 그 주검도 만지지 말라 이것들은 너희에게 부정하니라"

이 말씀은 돼지고기를 먹지 말라고 기록하고 있는데 트리키넬라 유충에 감염된 돼지고기를 먹으면, 각각의 유충을 둘러싸고 있는 껍질은 소화액에 의해 용해되고 유충은 장벽에 붙습니다. 그곳에서 장을 뚫고 혈관 속으로 들어가기도 하고 암컷은 혈관이나 림프액 속에 직접 알을 낳기도 합니다.

특별히 이스라엘 백성들에게 부정한 것과 정한 것, 그리고 먹을 생물과 먹지 못할 생물을 구별하여 준 것을 볼 수 있습니다. 그 내용은 레위기 11장 1-47절에 자세히 기록되어 있습니다.

또한 창세기 17장 12절을 보십시오.

“너희의 대대로 모든 남자는 집에서 난 자나 또는 너희 자손이 아니라 이방 사람에게서 돈으로 산 자를 막론하고 난 지 팔 일 만에 할례를 받을 것이라”

이 말씀은 남자 어린이가 태어난 지 팔일 만에 할례(포경수술)를 받으라는 말씀입니다. 사람이 외과 수술을 할 때 비타민 K가 결핍되면 프로트롬빈이 부족하여 출혈이 계속됩니다.

그러나 금세기에 스칸질로(Nathan Scanzillo)가 비타민 K와 프로트롬빈의 양이 생후 8일째 되는 날에 최고에 달한다는 사실을 발견하였습니다. 그러므로 성경이 얼마나 정확합니까?

일곱째로 우리는 성경에서 물리학을 발견할 수 있습니다.

시편 102편 25-27절을 보십시오.

“주께서 옛적에 땅의 기초를 놓으셨사오며 하늘도 주의 손으로 지으신 바니이다 천지는 없어지려니와 주는 영존하시겠고 그것들은 다 옷 같이 낡으리니 의복 같이 바꾸시면 바뀌려니와 주는 한결같으시고 주의 연대는 무궁하리이다”

헬리 모리스는 물리학에 대하여 이렇게 말하고 있습니다.

“에너지 보존의 법칙인 제 1법칙은 에너지의 창조(만물을 포함한)란 이 세상에서는 현재 발생하지 않고 있으며, 또한 어떤 것도 소멸되지 않는다는 점을 확증해 줍니다. 에너지 감소의 법칙인 제 2법칙은 만물이 점점 더 해체되고 있다는 사실을 입증해 줍니다. 즉 우주의 물리적 과정을 유지하는데 가용되는 에너지는 감소하고 있다는 것입니다. 만물은 점점 더 단순해지고 더욱 변천되며, 더욱 무질서해지는 경향을 보이고 있습니다. 사물들은 점점 노쇠하며 마모되고 있습니다. 우주는 쇠퇴하고 있는 중입니다."

창세기 1장 1절을 보십시오.

"태초에 하나님이 천지를 창조하시니라"

우주와 생명의 기원에 관한 문제는 실험과 측정의 대상이 되지 못하기 때문에 과학의 영역에 속하지 않습니다. 창조론과 진화론 사이에서의 선택은 과학적 결정이 아니라 주로 도덕적, 영적인 결정입니다.

여덟째, 성경을 믿었던 과학자들이 있습니다.

요한네스 케플러(1571-1630)는 천문학자이며 행성운동에 대한 3가지 법칙을 발견한 사람입니다. 그는 자신의 업적에 대하여 이렇게 말했습니다.

"행성 운동의 법칙에 의하여 하나님 아버지의 이름이 높임을 받기만 한다면 나의 이름은 영원히 없어져도 좋습니다."

로버트 보일(1627-1691)은 물리학자, 화학자로서 보일의 법칙을 발견했고, 화학의 아버지로 불리는 사람입니다. 그는 매일 아침마다 성경을 읽었으며 성경의 위대한 진리를 변호하는데 열정을 가진 사람입니다. 그는 선교사역과 성경 번역 사역에 많은 돈을 기부했습니다.

아이작 뉴우톤(1642-1727)은 물리학자, 수학자로서 만유인력의 법칙과 미적분학과 스페트럼의 원리를 발견한 사람입니다. 그는 성경을 연구하는데 많은 시간을 사용한 사람이며, 자신의 업적에 대하여 이렇게 말했습니다.

"나의 모든 발견들은 기도응답으로 이루어졌습니다."

미카엘 페러데이(1791-1863)는 실험 물리학의 거장이며, 전 생애동안 교회의 회원으로 신실하게 하나님을 섬겼고, 50세부터 정규적인 설교자로 봉사했습니다.

제임스 심프슨(1811-1870)은 산부인과 개척자이며 클로트포름을 발견한 사람입니다. 그는 "나의 가장 위대한 발견은 내가 구주를 모시고 있는 것입니다."라고 말했습니다.

사무엘 모르스(1791-1872)는 모르스 기호를 발명하고 그것을 "하나님이 만드신 위대한 것"으로 소개했으며, 그것을 "하나님의 작품"으로 소개했습니다. 그는 다음과 같이 간증했습니다.

"오직 그분만이 나의 모든 시도를 통하여 지금의 내가 있게 하셨고, 오직 그분이 나를 지금의 위치에 이르게 하셨습니다."

제임스 클러크 맥스웰(1831-1879)은 세계 과학사에 가장 위대한 천재 중의 한사람으로 인정된 사람입니다. 그의 수학 방정식은 광학, 전기학, 자기학 같은 이해의 체계 내에 통합을 할 수 있게 했습니다.

그는 죽을 때까지 하나님을 사랑했고 성경을 신뢰했습니다.

로드 캘빈(1824-1907)은 절대 온도와 열역학 제 2법칙의 기초를 세운 사람입니다. 그는 다음과 같이 간증합니다.

"이 지구상의 생명의 시작은 어떤 화학적 혹은 전기적 활동이나 분자들의 결정화에 의해 유도된 것이 아닙니다. 우리는 잠시 멈추고 생물 창조의 기적과 신비를 직접 들여다보아야 할 것입니다."

존 플레밍(1849-1945)은 라디오 진공관을 발명한 사람입니다.

그는 진화론의 허구를 파헤치며, 증명되지 않은 비과학적인 이론이라고 논박하며, 성경을 옹호했습니다.

5. 그렇다면 성경이란 어떤 책일까요?

첫째, 성경은 가장 인기 있는 책입니다.

성경은 지금까지 쓰여 진 책 중 가장 놀라운 책입니다.

성경은 지금까지 인쇄된 다른 모든 책을 합한 것과 같은 가치가 있습니다. 전 세계에서 4천 4백만 권의 성경이 매년 팔리고 있으며, 미국의 모든 가정에는 평균 6-8권의 성경이 있으며, 대영제국에서 매년 팔리는 성경과 신약 성경은 거의 125만 권이나 됩니다.

이 한 권의 책이 시간이 흘러가도 계속해서 빠른 속도로 팔려나가고 있다는 것은 놀랍고, 이상하고, 아니 점점 더 신이 사라져 가는 이 시대에 이해하기 힘든 일입니다.

성경은 문학과 역사와 신학을 담고 있는 가장 위대한 책입니다.

이 책은 나라와 직업이 다른 40여명의 사람들에 의해 기록되었습니다. 그들은 히브리어와 헬라어와 아람어의 3개 국어로 1, 600년이라는 기간에 걸쳐 기록되었습니다.

이 책이 오늘날까지 보존된 것은 기적입니다.

모든 성경은 그 위대한 주제와 중심인물이 예수 그리스도라는 점에서 잘 일치된 조화를 이루고 있습니다. 진정한 저자 되시는 성령 하나님이 기록했기 때문입니다.

둘째, 성경은 가장 능력 있는 책입니다.

성경의 영향력은 역사와 수많은 하나님의 사람들의 삶을 변화시켰습니다. 보나파르트 나폴레옹은 이렇게 말합니다.

"성경은 단순한 책이 아니다. 반대하는 모든 것들을 정복하는 능력을 가진 생명체이다."

1928년 5월, 스탠리 볼드윈 수상은 성경의 영향력에 대하여 다음과 같이 말했습니다.

"성경은 강한 폭발력을 지녔다. 그러나 성경은 신비하게 작용하기 때문에 성경이 전 세계에 퍼져 나가는 과정에서 어떻게 수천의 다른 장소에서 개개인의 영혼을 울려 새로운 삶, 새로운 세상, 새로운 믿음, 새로운 사고방식, 새로운 양식으로 인도했는지 아무도 설명할 수도 말할 수도 없다."

찰스 C. 리라이는 이렇게 말했습니다.

"성경은 모든 책들 가운데서 가장 위대합니다. 이것을 공부하는 것은 모든 다른 탐구보다도 가장 고상하며 이것을 이해한다는 것은 모든 목표 가운데 가장 높은 것입니다."

그러므로 성경 속에는 인간이 직면하는 인생의 모든 문제들의 해답이 담겨 있습니다. 성경은 우리 마음을 움직이고, 머리를 바꾸어주며, 영혼을 새롭게 합니다.

하나님은 성경 속에서 초자연적인 선한 힘과 만날 기회를 우리에게 주십니다. 살아 계신 하나님과 만나는 것은 짜릿하고, 만족스러우며, 엄청나게 지혜로운 일입니다.

우리는 이 성경 속에서 우리의 과거를 발견하고 현재를 이해하며 미래를 향한 소망을 얻게 됩니다.

셋째, 성경은 가장 귀한 책입니다.

성경은 이 세상에서 가장 귀한 책입니다.

성경은 왜 인기가 많고, 힘이 있으며, 소중한 책일까요?

사람은 빵으로만 살 수 있는 존재가 아니기 때문입니다.

그래서 예수님은 "사람이 떡으로만 살 것이 아니요 하나님의 입으로부터 나오는 모든 말씀으로 살 것이라"(마 4:4)라고 말씀하셨습니다. 이 말씀에 등장하는 '하나님의 입으로부터 나오는 모든 말씀'은 시제가 현재시제로 되어있기 때문에 '말씀이 하나님의 입에서 계속 흘러나온다.' 는 뜻입니다.

즉, 흘러넘치는 샘물의 물줄기처럼 결코 멈추지 않습니다.

하나님께서는 성경을 통해서 하나님의 백성들을 계속해서 먹이시고 대화를 나누시는 것입니다.

성경은 하나님께서 인간에게 주신 가장 큰 선물입니다.

구세주의 모든 선한 것이 성경을 통하여 우리에게 전달됩니다.

따라서 우리는 하나님의 말씀을 떠나서는 결코 살 수 없습니다.

넷째, 성경은 하나님의 자기 계시의 책입니다.

기독교는 계시의 종교입니다.

계시를 뜻하는 히브리어 단어는 "깔라"입니다.

그 의미는 "벗겨진다"는 의미로서 가려져 안보이던 것이 벗겨져 보이게 되었다는 의미입니다. 계시라는 헬라어 단어 아포칼립토의 의미는 가려져 있는 것을 제거하여 숨겨진 것을 공개적으로 드러내는 것을 말합니다. 그리고 계시를 신학적으로 말할 때에는 하나님께서 자기와 자기에 관한 것을 인간에게 들어내는 행위를 의미합니다.

그러면 왜 우리 인간에게 계시가 필요할까요?

하나님께서 자신을 보이시지 않으면, 우리는 하나님을 발견할 수 없기 때문입니다. 인간의 타락으로 인하여 인간 스스로의 힘으로는 하나님을 발견할 수 없기 때문에 하나님이 먼저 계시라는 수단을 통하여 당신 자신을 드러낸 것입니다. 인류의 조상 아담과 화와의 범죄로 말미암아 인간과 하나님 사이에는 넘을 수 없는 장벽이 생기게 되어 인간이 하나님을 알 수 있는 길은 완전히 봉쇄되어 있었습니다.

그래서 우리 하나님께서 먼저 인간에게 손길을 내민 것입니다. 인간에게는 하나님이 숨겨져 있기 때문에 많은 사람들은 하나님이 없다고 주장하는 것입니다.

"어리석은 자는 그의 마음에 이르기를 하나님이 없다 하는도다 그들은 부패하고 그 행실이 가증하니 선을 행하는 자가 없도다"(시 14:1)

성경은 특별히 예수 그리스도를 계시하고 있습니다.

하나님은 그의 아들 예수 그리스도를 통해 우리에게 말씀하셨습니다. "이 모든 날 마지막에는 아들을 통하여 우리에게 말씀하셨으니 이 아들을 만유의 상속자로 세우시고 또 그로 말미암아 모든 세계를 지으셨느니라"(히 1:2) 그러므로 예수 그리스도께서는 하나님을 보여주기 위해서 오셨습니다. 본래 하나님을 본 사람이 없었지만 아버지 품속에 있는 독생자 예수 그리스도께서 하나님을 우리에게 나타내신 것입니다(요 1:18). 그분이 오셔서 인간과 하나님 사이에 가로막혀 있는 장벽을 제거하셨습니다. 그러므로 인간은 예수 그리스도를 통해서 하나님과 가까워지게 됩니다. 우리가 예수님을 알 수 있는 주된 방법은 성경에 기록된 하나님의 계시를 통해서 알 수 있습니다. 그러므로 우리는 성경을 통해서 하나님을 믿고 구원을 받고 하나님을 섬기는 사람이 되어야 합니다.

CHAPTER 2

인간에게 한계상황이 있기 때문입니다

내가 왜 하나님을 믿어야할까요?

인간에게 한계상황이 있기 때문입니다.

사도 바울도 자신이 원하는 선은 행하지 못하고, 자신이 싫어하는 악을 행하고 있는 자신을 바라보며 자신의 한계를 느끼고 이렇게 말합니다. "오호라 나는 곤고한 사람이로다 이 사망의 몸에서 누가 나를 건져내랴"(롬 7:24)

여기에 등장하는 '곤고한 사람'은 근심 걱정이나 재난으로 인해 자신의 처지가 궁색하고 힘든 상태를 말합니다. 그리고 '사망의 몸'은 원하는 선을 행할 수 없는 무능력한 사람을 나타냅니다. 그러므로 로마서 7장 8절부터 24절은 인간의 한계상황을 잘 설명하고 있습니다. 사도 바울은 이렇게 고백합니다.

"죄가 기회를 타서 내 속에서 온갖 탐심을 이루고, 죄가 살아나고 나는 죽었도다. 내게 대하여 도리어 사망에 이르게 하는 것이 되었도다. 나를 죽게 만들었으니. 나는 육신에 속하여 죄 아래에 팔렸도다. 내가 행하는 것을 내가 알지 못하노니 곧 내가 원하는 것은 행하지 아니하고 도리어 미워하는 것을 행함이라. 내 속에 거하는 죄니라. 내 속 곧 내 육신에

선한 것이 거하지 아니하는 줄을 아노니 원함은 내게 있으나 선을 행하는 것은 없노라. 나에게 악이 함께 있는 것이로다. 내 지체 속에 있는 죄의 법으로 나를 사로잡는 것을 보는 도다.”

그러므로 사람들은 자신에게 아주 가까운 사람들이 죽었을 때, 지진이나 태풍이나 홍수나 산사태와 같은 자연재해로 인해 불의의 사고를 당했을 때, 자신이 불치병에 걸렸을 때, 자신이 하던 사업이 실패하여 자신의 힘으로 도저히 일어날 수 없을 때, 자신의 자녀들이 부모의 말을 잘 듣지 않고 여러 가지 사고를 치고 빗나갈 때, 자신이 큰 죄를 범하고 잘못된 습관을 극복할 수 없을 때 자신의 한계를 느끼게 됩니다.

인간의 한계상황을 보여주는 한 사람이 있습니다.

그는 2016년 9월 8일에 자살한 야구 해설가입니다.

그는 고교 체육교사를 거쳐 1979년 동양방송 야구 해설가로 데뷔했고, 프로야구 원년인 1982년에 KBS 야구해설위원을 맡아 오랫동안 야구 해설가로 활동했던 사람입니다. 그는 2002년 심근경색으로 세 번의 수술을 받은 바 있으며, 2006년부터 2009년까지 제11대 한국야구위원회(KBO) 사무총장을 역임했고, 2008년 베이징 올림픽에서 금 매달을 딴 야구대표팀 단장으로 참여하기도 했습니다. 하지만 그는 사망하기 전 사기사건 피소, 음주운전 적발 등으로 구설에 휘말려 매우 힘든 시기를 보냈습니다.

특히 수년 전 20년 동안 친하게 지냈던 부동산 업자의 말에 속아 강남에 있는 100억 원 상당의 빌딩을 날린 이후 심각한 우울증을 겪어왔습니다. 부동산 업자는 인근에 큰 쇼핑몰이 들어설 것이라는 정보가 있다며 빌딩 매각을 권유했고, 그는 인감과 부동산 매각에 필요한 일체의 모든 서류를 넘겨주었지만 돈을 받지 못하고 소유권이 넘어가 양도세 밑 기타 세금으로 10억을 미납한 국세 체납자가 됨으로 대출도 어려워 살고 있던 집도 월세로 옮기고 타던 외제차도 팔고 결국 6억을 마련하고 사채업자에게 4억을 빌려 세금을 완납했지만 이자가 눈덩이처럼 불어나 사채업자의 불법추심에 시달려야 했습니다.

2015년 7월에는 박 씨로부터 3000만 원을 갚지 못해 사기혐의로 고소를 당하기도 했는데 당시 박 씨는 그가 빌딩에 붙은 세금 5000만 원이 밀렸는데 그 세금을 내고 나중에 돌려주겠다고 3000만 원을 빌려갔지만 갚지 않아서 고소장을 제출했던 것입니다. 당시 그분은 빌딩 소유를 빌미로 돈을 빌린 건 아니라고 해명하면서도 상당한 재정적 압박이 있음을 숨기지 않았다고 합니다.

그분은 경기도 양평으로 근거지를 옮기고 건강회복과 재기의 발판을 다지기 위해 노력했던 것으로 알려지기도 했습니다. 그리고 그분은 2016년 7월에는 부인 A씨가 운전하는 차량을 타고 가던 중 사고를 냈고, 당시 부인이 음주운전으로 적발되면서 음주운전 방조죄로 경찰에 입건되기도 했습니다. 이어 그분이 프로구단 입단 청탁의 빌미로 5000만 원을 받아 사기와 근로기준법 위반 혐의로 불구속 기소, 재판에 넘겨지기도 했습니다. 그분의 지인은 5000만 원을 그분이 운영하던 회사 계좌로 송금했지만, 지인 아들은 프로야구 구단에 입단하지 못하자 그분을 고소한 것입니다. 이에 그분은 프로야구단 입단 청탁은 없었으며, 그냥 빌린 돈이라고 주장했습니다. 그분은 최근 몇 년간 건강악화로 인해 방송 활동도 줄어드는 동시에 각종 악재가 겹치자 극단적인 선택을 한 것으로 관계자들은 내다보고 있습니다.

한 때 100억대 빌딩을 소유했고, 유명한 야구해설가로 이름을 날렸고, 한국야구위원회 사무총장을 역임했고, 한국 올림픽 야구단장을 역임했으니 명예와 물질과 인기를 누렸던 사람이 하루아침에 재산을 날리고, 사기 사건으로 고발을 당하고, 사채로 빚이 눈덩이처럼 불어나 불법추심을 통해 빚을 갚으라는 독촉에 시달리고, 과학적인 통계와 데이터로 무장한 젊은 야구해설가들에게 밀려나 야구해설을 할 수 없고, 잘나가던 강연도 줄어들고, 주변에 사람들도 별로 없고, 다시 재기를 꿈꾸지만 일이 잘 풀리지 않았을 때 얼마나 힘들고 외로웠을까요?

이것이 바로 인간의 한계상황입니다. 이럴 때 우리 인간은 하나님을 찾아야 하지만 그는 하나님을 찾지 않고 결국 극단적인 자살을 선택했던 것입니다.

세계적으로 유명했던 배우 마린먼로도 이런 고백을 했습니다.

"나는 여성이 가질 수 있는 모든 것을 가졌습니다. 아름다운 육체와 매력적인 몸매와 인기와 명예와 젊음과 물질까지 많이 소유했습니다. 나를 사랑하는 많은 사람들이 하루에도 수백 통씩 편지를 보내옵니다. 그런데 왜 그럴까요? 나는 이유 없이 공허하고 불행합니다. 이유 없는 반항이라는 말이 있지만 나는 이유 없이 불행합니다."

결국 그녀는 35세의 한창 나이에 스스로 목숨을 끊고 말았습니다.

그러므로 인간이란 누구일까요?

우리 인간은 한 치 앞을 내다볼 수 없는 무능력한 인간입니다.

그래서 솔로몬은 무능력한 인간의 상태를 이렇게 표현했습니다.

"너는 내일 일을 자랑하지 말라 하루 동안에 무슨 일이 일어날는지 네가 알 수 없음이니라"(잠 27:1)

우리의 삶도 마찬가지입니다. 우리는 정말 하루 동안에 무슨 일이 일어날는지 알 수 없는 존재입니다. 우리가 자연재해로 죽을 수도 있고, 교통사고로 죽을 수도 있고, 물에 빠져 죽을 수도 있고, 열차 사고로 죽을 수도 있고, 비행기 사고로 죽을 수도 있고, 하루에도 다양한 사건들이 발생하기 때문에 우리는 내일 일을 장담할 수 없습니다.

우리도 이런 상황에 닥치면 우리 힘으로 도저히 해결할 수 없게 됩니다. 사실 우리 인간은 이런 때일수록 자신의 무능함을 깨닫고 절대자 하나님을 찾아야 합니다.

1. 인간의 한계상황이란 무엇일까요?

실존주의 철학은 인간의 한계상황(boundary situation)을 설명합니다. 실존주의 철학은 20세기 초반에 등장한 철학으로 전 세계적으로 일반 대중에게까지 폭넓게 지지를 받았던 철학입니다. 실존주의 철학은 개인의 실존을 중시하는 철학적 입장으로, 여기서 실존은 독일어로 엑시스텐츠(Existenz)라는 단어로 원래 "존재"를 의미하였으나 20세기에 들어와 실존주의 철학이 특히 인간의 개별적인 현실과 존재를 가리키는 말로 사용된 이후로 "현실 존재"를 줄여서 "실존"이라는 말로 사용했습니다.

실존주의 철학의 선구자 덴마크의 키에르케고르는 인간의 한계상황을 신으로부터의 소외, 그에 따른 죄책감과 절망이라고 했습니다. 독일의 하이데거는 인간의 한계상황을 인간의 죽음과 불안이라고 했습니다.

그리고 독일의 칼 야스퍼스(Karl Jaspers 1883-1969)는 인간의 한계상황은 인간이 절대로 넘을 수 없고, 극복할 수 없는 것으로 인간의 죄와 인간의 죽음과 인간의 고독과 인간의 갈등과 투쟁, 그리고 인간의 방황이라고 했습니다. 그는 인간의 한계상황을 시로 표현하기도 했습니다.

"나는 왔다. 온 곳을 모르면서. 나는 있다. 누군지도 모르면서. 나는 간다. 어디로 가는지도 모르면서. 나는 죽는다. 언제 죽을지도 모르면서"

이것이 인간의 현실입니다. 그러므로 파스칼은 인간의 마음속에는 하나님만이 채울 수 있는 공허가 있다고 했습니다. 우리 인간은 겉 사람 육체와 속사람 영혼이 있습니다. 겉 사람 육체는 빵과 물질로 만족할지 몰라도 속사람 영혼은 하나님께로부터 왔기 때문에 하나님 없이는 결코 만족할 수 없는 것입니다.

그러므로 마린몬로나 헤밍웨이는 세상이 주는 돈, 명예, 인기 등을 가지고도 참된 행복을 몰라서 자살을 했습니다. 그들은 결국 하나님을 믿지 않았기 때문에 그런 삶을 살았던 것입니다.

그러므로 어거스틴은 "나는 예수님을 만나기 전까지는 마음에 참된 쉼을 얻지 못했습니다."라고 말했습니다. 그러므로 우리 예수님은 "수고하고 무거운 짐 진 자들아 다 내게로 오라 내가 너희를 쉬게 하리라"(마 11:28)라고 말씀하셨습니다.

미국 16대 대통령 아브라함 링컨도 "나는 스스로 보잘 것 없는 존재라는 것을 깨달아 늘 무릎을 꿇고 하나님을 의지했습니다. 내 지혜와 내 능력과 내 자신만으로는 결코 아무 것도 할 수 없었습니다.”라고 고백했습니다. 그러므로 세계 2차 세계대전의 영웅 아이젠하워 장군은 시편 127편 1절을 좌우명으로 삼았습니다. “여호와께서 집을 세우지 아니하시면 세우는 자의 수고가 헛되며 여호와께서 성을 지키지 아니하시면 파수꾼의 깨어 있음이 헛되도다”(시 127:1)

그렇습니다. 우리 하나님께서 우리 인생의 집을 세우지 아니하시면 우리가 아무리 노력해도 결코 성공할 수 없고, 행복할 수 없습니다.

2. 인간은 과학만으로도 행복할 수 없습니다.

우리 인간에게 과학은 꼭 필요합니다.

과학을 통해 인간에게 필요한 다양한 것들을 만들어왔습니다.

전기에너지, 자동차, 기차, 비행기, 텔레비전, 컴퓨터, 세탁기, 휴대폰 등등 수많은 편리한 것들을 만들었지만 과학으로는 과학을 올바르게 사용할 수 있는 인간을 만들 수는 없습니다. 그러므로 과학은 핵무기와 온갖 살상무기를 만들어 인류를 공포와 불안으로 몰아넣고 있습니다.

과학의 발달로 예측하지 못한 부작용들이 나타나고 있습니다.

예를 들어 원자력의 방사능문제라든가 화학공업의 환경오염은 심각한 실정입니다. 처음에는 이런 부작용을 모르다가 막상 개발하니 이런 부작용이 나타나게 된 것입니다.

전기에서 나오는 쓰레기를 아십니까? 우리나라 원자력 발전소에서 나오는 핵폐기물은 원자력발전과정에서 발생하는 고체, 액체, 기체 형태의 각종 찌꺼기로 방사능의 세기에 따라 고준위폐기물과 중·저준위폐기물로 나눕니다. 중·저준위폐기물은 원자력발전소의 운전원이나 보수요원이 사용했던 장갑이나 덧신, 가운, 걸레, 실험기기 장비 등 방사능 정도가 낮은 쓰레기들입니다. 그런데 우리나라에 폐기물이 지금까지 15000톤이나 있다고 하며, 그것을 깊은 땅속에 묻어야 하는 데 아직도 그 장소를 찾지 못하고 있습니다. 그러므로 우리는 인간의 한계상황을 인정하고 하나님을 믿어야 합니다.

3. 인간은 교육만으로도 행복할 수 없습니다.

인간을 가르치는 교육은 사람이 살아가는 데 필요한 지식이나 기술 등을 가르치고 배우는 활동입니다. 교육은 개인이나 집단이 가진 지식, 기술, 기능, 가치관 등을 대상자에게 바람직한 방향으로 가르치고 배우는 활동입니다. 또는 교육은 피교육자가 보다 나은 생활을 영위하기 위해, 또한 그로 인하여 사회가 유지·발전될 수 있도록 피교육자가 갖고 있는 능력을 끌어내고, 새로운 지식이나 기능을 습득하게 하는 활동이라고 설명하기도 합니다. 넓은 의미로는, '개인의 정신, 성격, 능력의 형성에 영향을 주는 모든 행위와 경험'을 교육으로 보기도 합니다. 인간은 교육을 통해 다음 세대에게 지식과 문화를 전수하고 발전시켜 왔습니다.

하지만 현대에 들어와 산업혁명으로 인한 서양문물의 급속한 확산과 세계화, 정보화 기기의 발달로 일어난 이른바 정보화 시대에 이르러 지식의 공유와 확산이 폭발적으로 늘어남에 따라, 피교육자와 가르치는 사람의 구분이 점점 희석되고 있으며, 이제는 학교나 학원 등 기존에 교육기관으로 인정되었던 집단이 정보의 핵심을 갖고 다음 세대에게 전달하지 않아도 주변에서 습득한 지식이나 문화가 스스로 전달되고 발전되는 이른바 잠재적 교육과정의 부분이 폭발적으로 증가하였습니다.

이에 상기에 서술된 좁은 의미의 교육인 '새로운 지식이나 기능을 습득하게 하는 활동'이 특별한 교육자 없이도 빈번히 벌어지는 현상이 나타나게 되었습니다. 따라서 교육의 의미를 지식이나 기술을 가르치고 이를 정확하게 익히는 경우 완성되는 하나의 활동으로만 볼 것인지, 지식과 문화가 스스로 확산되고 전수되는 현상이 가속화됨에 따라, 이 지식과 문화를 접하여 이를 판단하고 선별하여 자신의 삶 또는 나아가 조화로운 공동체를 이루는데 기여할 수 있는 관점을 기르는 것이 교육인지, 더 넓게는 인간과 인간이 서로를 이해하는 가운데 그 의사소통의 깊이를 더 깊게 가져가는 일종의 관계 확장을 교육으로 보아야 하는지 재정의가 필요한 실정입니다(위키백과사전).

하지만 오늘날의 교육의 시스템과 시설과 교육자가 아무리 뛰어난다 하더라도 교육만으로는 인간을 변화시킬 수 없습니다. 그러므로 인간의 교육과 지식과 지혜로 구원을 받을 수 없습니다. 오히려 지식적으로 뛰어나기 때문에 하나님을 믿지 않고 예수님을 거절하는 사람들이 많습니다. 그러므로 우리 하나님은 분명하게 말씀하셨습니다. "하나님의 지혜에 있어서는 이 세상이 자기 지혜로 하나님을 알지 못하므로 하나님께서 전도의 미련한 것으로 믿는 자들을 구원하시기를 기뻐하셨도다"(고전 1:21)

하나님께서는 "자기 지혜로 하나님을 알지 못하는 고로"라고 말씀하셨습니다. 이것이 정답이요, 사실입니다. 이 세상에서 어떤 사람들은 전도를 미련한 것으로 보지만 하나님은 그 미련해 보이는 전도를 통해서 사람들을 구원하십니다. '하나님께서 전도의 미련한 것으로 믿는 자들을 구원하시기를 기뻐하셨도다.' 그러므로 십자가의 복음은 멸망을 당하는 사람들에게는 미련하게 보이지만, 구원 얻는 우리에게는 하나님의 능력입니다. 그러므로 우리는 인간의 한계상황을 인정하고 하나님을 믿어야 합니다.

4. 하나님은 우리의 마음속에 영원을 사모하는 마음을 주셨습니다.

"하나님이 모든 것을 지으시되 때를 따라 아름답게 하셨고 또 사람들에게는 영원을 사모하는 마음을 주셨느니라 그러나 하나님이 하시는 일의 시종을 사람으로 측량할 수 없게 하셨도다"(전3:11)

하나님은 모든 사람들 마음속에 영원을 사모하는 마음을 주셨습니다. 여기서 말하는 '영원'은 무한하여 셀 수 없는 영원한 것을 의미합니다.

그러므로 영원은 유한한 우리 인간에게 속한 것이 아니라 영원하신 우리 하나님께 속한 것입니다. 그냥 단순하게 그런 마음을 주신 것이 아니라 영원을 사모하는 마음을 우리 속에 심어주셨습니다. 다른 피조물에게는 없는 오직 인간에게만 특별히 심어주신 것입니다.

하나님께서 그런 마음을 왜 심어주셨을까요? 인간은 유한한 존재이기 때문에 인간이 신앙심을 가지고 영원하신 하나님을 찾아 믿고, 영원한 생명을 얻어 하나님과 천국에서 영원토록 함께 살아가도록 그런 마음을 심어주신 것입니다.

"하나님께서 행하시는 모든 것은 영원히 있을 것이라 그 위에 더 할 수도 없고 그것에서 덜 할 수도 없나니 하나님이 이같이 행하심은 사람들이 그의 앞에서 경외하게 하려 하심인 줄을 내가 알았도다"(전 3:14)

우리가 하나님을 믿고 그분을 경외하도록 영원을 사모하는 마음을 주셨습니다. 하나님을 경외하고 그분의 명령을 지키는 것이 우리 인간의 본분이기 때문입니다. "일의 결국을 다 들었으니 하나님을 경외하고 그의 명령들을 지킬지어다 이것이 모든 사람의 본분이니라"(전 12:13)

그러므로 우리는 인간의 한계를 솔직히 인정하고 겸손하게 받아드려야 합니다. 그리고 영원을 사모하는 마음은 우리 인간이 가진 종교성이나 신앙심이기 때문에 인간은 누구에게나 절대자를 찾는 마음이 있습니다. 그래서 어느 시대 어느 민족에게나 절대자를 추구하는 신앙심이 있습니다. 문명이 발달한 선진국일수록 하나님을 믿지만 후진국일수록 미신종교를 믿습니다. 영원을 사모하는 마음은 세상의 일로 만족할 수 없는 마음입니다. 그러므로 우리는 인간의 한계상황을 솔직히 인정하고 하나님을 믿어야 합니다.

CHAPTER 3

하나님께서 나를 창조하셨기 때문입니다

왜 하나님을 믿어야 할까요?

하나님께서 나를 창조하셨기 때문입니다.

나는 누구일까요?

나는 어디에서 왔을까요?

나라는 존재는 어떻게 해서 존재하게 되었을까요?

그러므로 우리는 무엇보다도 인류와 우주의 기원을 자세히 알아야 합니다. 그런데 인류와 우주의 기원을 이야기하는 것은 성경의 창조론과 찰스 다윈의 진화론밖에 없습니다.

다시 말해서 내가 존재하게 된 원인이 창조냐 진화냐 둘 중의 하나 밖에 없다는 사실입니다. 그런데 이 두 가지는 가설과 사실 위에 세워진 이론이라는 것을 알아야 합니다.

창조론은 사실이기 때문에 성경 창세기 1-2장에서 사실을 당당하게 선포하고 있지만 진화론은 사실이 아니기 때문에 모든 것을 추측하는 가 설 위에 세워진 이론에 불과합니다.

1. 진화론이란 무엇일까요?

　영국의 생물학자 찰스 다윈이 1859년에 「종의 기원」이라는 책을 발간함으로 시작되었습니다. 물론 다윈 이전에도 진화론적인 연구가 있었지만 다윈은 진화론에 과학이라는 옷을 입혀 발표했던 것입니다.

　다윈이 종의 기원에서 말하는 "종"이란 포유류, 어류, 조류, 파충류 등을 지칭합니다. 그는 생물학자로서 다양한 동식물을 관찰하다가 동식물이 부분적으로 변한 것을 보면서 인류도 수많은 세대를 거쳐 오면서 어떠한 미생물이 진화되어 원숭이가 되었고, 원숭이가 진화되어 원시인이 되었고, 오늘 날의 인류로 진화되었다는 가설을 세웠습니다. 그래서 「종의 기원」의 책 523페이지 마지막 결론에서 다윈은 이렇게 말하고 있습니다.

　"생물 상호간의 유사성은 나로 하여금 동물과 식물은 어떤 한 원형으로부터 내려왔음을 믿게 하곤 한다. 모든 유기물은 공통된 기원으로로부터 출발한다. 바로 이런 하등의 중간 형태의 생물로부터 모든 동물과 식물이 진화되었는지도 모른다. 이 지구 위에 생존했던 모든 유기물은 어떤 원형질의 형태로부터 내려왔는지 모른다."

　그러므로 진화론은 우리의 눈으로 볼 수 없을 정도로 아주 작은 원형질의 물질이 어느 공간에 생겨났다는 것을 전혀 밝혀내지 못하고 있습니다. 다만 아주 작은 원형질의 물질이 수 세대를 거쳐 오면서 진화되어 모든 동식물로 진화되었다는 가설을 세웠습니다.

그리고 이러한 가설은 인간의 실험을 통해 절대로 입증할 수 없는데도 진화론자들은 그러한 가설을 마치 사실인 것처럼 믿고 있습니다.

그러면 과학이란 무엇입니까?

과학이란 과학적 탐구방법을 동원하여 연구하는 모든 학문을 지칭합니다. 과학적 탐구방법은 먼저 어떤 가설을 세우고 그것을 증명하기 위해 여러 가지 실험을 하여 결과에 도달하는 것입니다.

따라서 다양한 연구 분야에 따라 여러 가지 과학이 존재합니다.

수학과 논리학은 기초과학이며, 물질세계를 설명하고 이해하려는 학문은 자연과학입니다. 그리고 자연과학 속에는 살아있는 생물과 무생물을 연구하는 생물학이 있으며, 여러 가지 토양을 연구하는 지질학이 있으며, 하늘에 떠 있는 다양한 천체들을 연구하는 천문학이 있으며, 로켓 등을 연구하는 물리학이 있으며, 화학적 반응을 연구하는 화학 등이 있습니다. 그리고 경제학과 사회학과 심리학과 상담학과 인류학은 인문 사회과학으로 분류됩니다.

하지만 진화론은 하나님을 자기 마음에 두기를 싫어한 사람들이 만들어낸 가설에 불과합니다. 따라서 우리는 가설과 사실을 구분해야 합니다.

자연과학자들은 어떤 가설을 가지고 출발을 합니다.

어떤 가설을 가지고 시작하느냐 하는 것은 전적으로 과학자들의 자유이겠지만 실험을 통해 사실을 입증하지 못한 가설은 아무런 설득력이 없습니다. 가설이 실험이나 여러 가지 객관적인 증거를 통해 증명될 때 그 가설은 사실로 인정받게 되고, 그 때에야 비로소 설득력을 갖게 되는 것입니다. 따라서 여러 가지 실험을 통해 사실을 입증해 보여야 합니다.

그러나 진화론은 아직까지 올바르게 증명된 사실이 없는 가설에 불과합니다. 그러므로 다윈이 발표한「종의 기원」이라는 책에서는 어떤 진리를 사실로 선포하는 것이 아니라 하나의 가설을 이야기하고 있습니다. 왜냐하면 찰스 다윈은 신이 아니기 때문에 수많은 세월동안 생물이 진화되는 것을 관찰하여 발표한 사실이 아니기 때문입니다.

과거 소련의 생화학자 오파린(A. I. Oparin. 1894-1980)은 1936년에 「생명의 기원」이라는 책에서 생명 기원은 자연발생적으로 생겨났다는 가설을 발표하였습니다. 오파린은 생명체는 지구에서 발생한 것으로 긴 세월을 거쳐서 무기물로부터 유기물로 화학진화가 일어나고, 이 유기물은 최초의 원시생물이 되었다고 주장하였습니다.

그는 원시 지구를 덮고 있던 대기는 오늘날의 대기 성분과는 달리 산소는 없고 메탄, 수소, 수증기, 암모니아, 네온, 헬륨, 알곤 등으로 되어 있었을 것이라고 가정하였습니다. 오파린은 이들 기체가 태양으로부터 자외선이나 공중방전의 에너지를 흡수하므로 서로 반응하여 아미노산을 비롯한 여러 가지의 간단한 유기물이 되었고 이것이 비에 녹아져서 바다로 흘러 들어와 교질상태가 되었다가 이종의 교질이 반응하여 반액상의 코아세르베이트(coacervate)라는 작은 알맹이 형태로 만들어 졌을 것이라는 가설을 세웠습니다.

오파린은 이러한 코아세르베이트가 성장한 것이 바로 원시생물로 발전되었다고 보는 것입니다. 오파린은 원시 지구의 대양에는 유기물만 녹아 있었고 대기에는 유리된 산소가 존재하지 않았다고 주장하였습니다. 그리하여 최초로 나타난 생물은 바닷물 속에 있는 유기물을 받아들여 무기호흡을 할 수 있는 생물이 되었을 것이라고 가정하였습니다.

그렇다면 오파린의 가설은 사실일까요?

오파린 또한 자신의 가설을 실험을 통해 입증해 보이지 못했기 때문에 하나의 가설에 불과하고 사실이 아닙니다.

2. 초기의 지구환경은 어떠했을까요?

우리 하나님께서는 처음부터 가장 완벽한 환경을 창조하셨습니다. 모든 생명체가 아무런 불편 없이 살아가도록 가장 완벽한 환경을 창조하셨습니다. 하나님께서는 둘째 날에 궁창 위에 물의 층을 두어 지구를 온실처럼 만드셨습니다.

다음의 말씀을 살펴보십시오.

"하나님이 이르시되 물 가운데에 궁창이 있어 물과 물로 나뉘라 하시고 하나님이 궁창을 만드사 궁창 아래의 물과 궁창 위의 물로 나뉘게 하시니 그대로 되니라 하나님이 궁창을 하늘이라 부르시니라 저녁이 되고 아침이 되니 이는 둘째 날이니라"(창 1:6-8)

우리는 이 말씀을 통해 하나님께서 궁창 위의 물과 궁창 아래의 물로 나뉘게 하신 것을 알 수 있습니다.

여기에 등장하는 궁창이란 지구를 둘러싸고 있는 첫째 하늘인 대기권을 의미합니다.

그러므로 궁창 아래의 물을 바다를 지칭합니다.

그러면 궁창 위의 물은 무엇일까요?

궁창 위의 물은 구름은 아닙니다.

구름은 작은 물방울로 되어있어 그 구름이 비가 되어 내리게 되지만 그때에는 비가 오지 않았기 때문에 구름은 아닙니다.

"여호와 하나님이 땅에 비를 내리지 아니하셨고 땅을 갈 사람도 없었으므로 들에는 초목이 아직 없었고 밭에는 채소가 나지 아니하였으며"(창 2:5)

그러므로 그 당시에는 비가 오지 않았지만 식물이 살아갈 수 있도록 안개가 온 지면을 적셨다고 성경은 전합니다.

"안개만 땅에서 올라와 온 지면을 적셨더라"(창 2:6)

따라서 궁창 위의 물은 대기권 위에 오존층과 같은 물의 층이 있어 이것은 마치 온실효과를 내는 것과 같았습니다. 즉 대기권 위에 지구를 둘러싸인 물의 층에 의해 지구는 적도나 극지방이 모두 온화하고 이상적인 기온과 습도를 유지했습니다.

그래서 아담과 하와는 옷을 입지 않고도 살아갈 수가 있었습니다.

오늘날의 기상학자들은 궁창 위의 물이 실제로 존재했었다면 지구에는 비가 내릴 수 없고, 오직 일주기에 의해 수분이 공급되었을 것이라고 말하고 있습니다. 따라서 안개만 땅에서 올라와 수증기로 증발했다가 해가 지면 밤사이에는 내려 아침에는 축축하게 젖어 있었습니다.

얼마나 정교하고 과학적인 기술입니까?

따라서 이 지구에는 비가 없었기 때문에 구름도 없었고, 강풍도 없었고, 홍수도 없었기 때문에 인간이 살기에 참으로 좋았던 환경이었습니다. 오늘날의 지구와는 전혀 다른 환경이었습니다. 지구 전체가 따뜻하고 생물이 적절하게 살 수 있는 환경이었습니다.

지금 이 지구상에 살고 있는 모든 생명체는 비의 스트레스를 받고 있습니다. 비가 적게 와서 스트레스를 받고 비가 너무 많이 와서 스트레스를 받습니다. 하지만 그때에는 비가 없었기 때문에 그런 스트레스를 하나도 받지 않았습니다.

3. 그러면 궁창 위의 물에 대한 증거들이 있을까요?

오늘날의 과학은 더욱더 풍성한 자료들로 궁창 위의 물에 의한 온화한 지구환경을 증언하고 있습니다.

북극에서 화석으로 발견된 종려나무 산호초와 덩치가 매우 큰 동물 맘모스 등은 과거에 이러한 생물들이 북극에도 살고 있었음을 말해 주고 있습니다.

생물체의 유해물인 석탄과 석유도 극지방을 포함하여 세계도처에서 발견되고 있습니다. 악어의 화석이 미국 뉴저지 주와 영국에서 발견될 뿐 아니라 남극지방에서도 발견되었습니다.

최근에는 북극의 얼음 속에서 발견된 맘모스에 의해서 연꽃 같은 아열대 식물들의 화분 등이 발견되었습니다.

어느 과학자도 상상할 수 없는 화석들이 남극의 '세이모아'라는 섬에서 발견되어 세상을 놀라게 했습니다. 남극이 빽빽한 살림으로 우거졌으며 다양한 생물들이 살고 있었다는 것을 화석을 통해 밝혀진 것입니다. 이 모든 자료들은 궁창 위의 물과 이로 인한 온실효과 이외에는 어느 학설로도 제대로 설명할 수 없습니다.

뿐만 아니라 궁창 위의 물은 생물체에 해로운 단과 장의 방사선을 차단하는 역할을 했습니다. 특별히 자외선과 우주선은 DNA를 파괴해 생물에 해로운 돌연변이를 유발하는데 이러한 방사선이 완전히 차단됨으로써 지구는 모든 생물들이 살기에 이상적인 환경이었습니다.

게다가 궁창 위의 물로 인해 대기압은 현재의 두 배 이상으로 높았을 것이며, 이 높은 대기압은 세포에 보다 더 많은 산소를 공급하게 하여 결국 산소를 필요로 하는 생물들의 성장은 더욱 활발했을 것이며, 상처를 입었을 경우에도 훨씬 더 빨리 치료되었습니다.

4. 초기 인간의 평균 수명은 몇 세일까요?

노아 홍수 이전의 인류의 수명은 대부분 900세 이상을 살았습니다. 창세기 5장을 살펴보면 성경이 진리라는 사실을 보여 주는데 아담 자손의 족보를 자세히 기록해 놓았습니다. 누가 몇 세에 누구를 낳았는지 상세하게 기록하고 있는데 인간의 평균 수명이 900세입니다.

오늘날의 과학은 지구 초기의 이상적인 환경으로 인해 생물들의 수명이 길었고 그 결과로 거대한 크기로 성장한 생물들이 살았습니다.

길이가 30m정도나 되는 거대한 공룡이 발견되는가 하면 길이가 1m 정도의 잠자리, 키가 4m나 되는 낙타, 키가 3m 넘는 조류들, 오늘날에는 원숭이만한 나무늘보가 5,5m나 되는 거대한 화석으로 발견되었습니다.

이들의 대부분이 현재의 생태계에서 볼 수 있는 생물들이지만 오늘날의 지구에는 가뭄 혹한 등 성장에 불리한 환경의 변화로 인해 궁창의 물로 보호를 받고 있었던 노아 홍수 이전처럼 빨리 성장하지 못하게 되었음을 예상할 수 있습니다. 또 생물의 수명 또한 짧아져 생물체의 크기가 작아지게 되었습니다.

궁창 위의 물은 하나님의 심판으로 노아 홍수 때에 파괴되었습니다.

인간에게 죄가 들어온 후 세상은 마침내 죄가 관영하게 되었고, 인간의 마음의 생각이 항상 악할 뿐임을 하나님께서 보시고 근심하셨습니다(창 6:5-6). 결국 홍수로 세상을 심판하시기 위해 40일 동안 낮과 밤으로 비를 내렸습니다.

모세는 이러한 사실을 증거하고 있습니다.

"칠 일 후에 홍수가 땅에 덮이니 노아가 육백 세 되던 해 둘째 달 곧 그 달 열이렛날이라 그 날에 큰 깊음의 샘들이 터지며 하늘의 창문들이 열려 사십 주야를 비가 땅에 쏟아졌더라"(창 7:10-12)

모세는 궁창 위의 물이 파괴된 것을 "하늘의 창들이 열려 사십 주야를 비가 땅에 쏟아졌다"라고 표현하고 있습니다.

시간 당 1.3cm의 소나기로 계산해도 40일간 내린 강우량은 지구 표면에서 12m가 되는 물의 량이었습니다. 여기에다가 지하수가 터져 나와 온 지면을 물로 덮었습니다. 완전한 하나님의 창조가 인간의 죄로 인해 파괴됨으로 불완전한 지구가 되었습니다. 그 결과로 인간의 수명이 갑자기 짧아지기 시작하였으니 노아는 950년을 살았으나 그의 아들 셈은 602년을, 손자인 아르박삿은 428년을, 그의 11대 손인 아브라함은 175년을 살고 죽었습니다.

600여년 만에 인간의 수명이 900세에서 175세로 줄어든 것입니다. 수명의 단축은 현재까지 지속되어 마침내 100세 이하로 떨어지게 된 것입니다.

왜 인간에게 노화현상이 일어나는지 짐작이 되십니까?

그것은 인간의 죄로 인해 온실효과가 사라지면서 자외선이 차단되지 않고 그대로 들어와 인간의 DNA를 파괴시켰기 때문입니다.

하나님께서 처음에 인간을 죽지 않는 존재로 창조하셨습니다.

인간의 세포 속에 정보물질이 계속해서 완전히 새로워져 죽지 않게 되어 있었습니다. 하지만 지구를 둘러싸고 있던 물의 층이 파괴됨으로 기온의 변화가 생겨 갑자기 추워지므로 인간의 세포가 죽게 되었습니다.

요즘 노인들이 언제 많이 죽는지 아십니까?

대부분 환절기에 많이 죽습니다.

왜냐하면 기온의 변화가 심하기 때문입니다.

요즘은 밤과 낮의 기온차이가 10도 이상입니다.

그러나 노아 홍수 이전에는 낮과 밤의 기온차이가 전혀 없었습니다. 또한 산소도 풍부했습니다.

인간에게 산소는 매우 중요합니다.

연탄가스에 중독되어 거의 죽어가던 사람에게 고압가스를 통해 인체에 산소를 공급하면 살아납니다. 사고를 통해 생명의 위험이 있는 환자에게 인공호흡을 통해 산소를 공급하면 살아나는 경우도 있습니다.

그러나 산소공급이 늦어지면 깨어나더라고 정신이 이상한 사람이 되어 버립니다. 그러나 궁창 위의 물의 층이 있으면 지금보다 산소가 두 배로 많아져 장수할 수 있었던 것입니다.

궁창 위의 물이 파괴됨으로 인간의 수명만 단축된 것이 아니라 모든 생물의 수명도 줄어들고 성장률이 떨어졌습니다. 식물계에 의한 절대 생산량이 떨어져 채식만으로는 생물들이 살 수 없게 되자 하나님께서 육식을 허락하셨습니다.

"모든 산 동물은 너희의 먹을 것이 될지라 채소 같이 내가 이것을 다 너희에게 주노라"(창 9:3)

그러므로 그때부터 약육강식의 생태계가 시작되었으며, 인간 또한 육식을 하게 된 것입니다. 궁창 위의 물이 없어지자 지각은 일정한 습도를 유지할 수 없게 되었고, 물이 증발해 구름을 형성하여 무지개를 이루니 이것을 하나님께서 다시는 홍수로 심판하시지 않겠다는 언약으로 사용하셨습니다(창 9:13-16).

궁창 위의 물은 인간에게 그만큼 중요한 것입니다.

요즘 일본에서 커다란 온실을 짓고 온실 위에 물을 계속 뿌리는 장치를 해서 그때의 상황을 재현해 보았습니다. 결국 그 온실 안에 있는 식물은 너무나 잘 자라는 것을 관찰했습니다.

그러나 지구는 궁창 위의 물이 파괴된 이후 계속 퇴락해 오늘날의 많은 생태학적인 지구 종말론을 가져오게 되었으니 오존층의 파괴, 대기와 수질의 오염, 방사능 오염 등이 그것입니다.

그러므로 우리 인간에게 오존층은 매우 소중한 것입니다.

오존은 약간의 푸른색을 띠고, 특유의 냄새를 지닌 기체로 산화력이 강하고 표백살균에 사용됩니다. 지상 약 50km이내에 지구 오존 총량의 90%가 존재하며, 고도 10-50km의 성층권 내에서도 25km 부근에 오존이 밀집되어 있는데 이 층을 오존층이라 부릅니다. 성층권에 존재하는 오존은 주로 태양 자외선의 광화학 작용에 의해 생성됩니다. 성층권에 존재하는 산소분자에 태양의 자외선이 닿으면 산소원자로 분해되고, 이렇게 분해된 산소원자는 다시 산소분자와 결합해 오존이 생성됩니다.

이 오존은 태양으로부터 방출되는 자외선을 흡수하므로 지구의 생명체를 자외선으로부터 보호해 줍니다.

반면에 지표면 부근의 공기 중에 있는 오존은 인간, 동물, 식물에 해로운 오염물질입니다. 이 오존은 주로 자동차 배출가스 중 이산화질소와 탄화수소가 햇빛과 반응하여 생성됩니다. 먼저 생성된 오염물질로부터 만들어지므로 2차 오염 물질이 되는 것입니다. 지표면 부근의 오존은 플라스틱, 금속, 섬유, 고무제품을 부식시키고 섬유제품을 탈색시키며, 식물 잎의 반점, 표백 등으로 성장을 저해합니다. 오존농도 0.1-0.3ppm에 한 시간 동안 연속해서 노출되면 기침과 호흡기 질환 증상이 나타난다고 알려져 있습니다.

그러므로 하나님께서 만드신 오존층은 우리 인간을 보호하지만 인간이 2차 오염물질을 통해 만든 오존은 인간에게 피해를 입힙니다.

5. 남극과 북극은 어떻게 생겼을까?

현대의 과학자들은 남극과 북극의 물이 어디서 왔는지 설명하지 못하고 있습니다. 그러나 성경은 그것을 자세히 설명해 주고 있습니다.

홍수 후에 하나님께서는 그 많은 물을 바람을 통해 처리하셨습니다.

"하나님이 노아와 그와 함께 방주에 있는 모든 들짐승과 가축을 기억하사 하나님이 바람을 땅 위에 불게 하시매 물이 줄어들었고"(창 8:1)

결국 그 물들은 지구의 온실효과는 사라지자 대기권이 추워지고 온도가 급격히 떨어지면서 남극과 북극에 가서 얼어붙게 되었습니다.

오늘날에 과학자들이 남극을 탐험하면서 그곳에서 석탄층과 과일나무 화석들과 거대한 맘모스를 발견하였습니다.

이 사실은 무엇을 말해주고 있습니까?

그것은 그곳이 과거에는 식물들이 무성했고 동물들도 많이 있었다는 증거입니다. 그러나 궁창 위의 물이 파괴되면서 기온이 급강하하면서 얼음이 생겨나고 모든 것이 얼음 속에 묻혀 버리게 되었습니다.

그러나 남극과 북극의 물이 다 녹으면 결국 그 물의 량은 지구를 잠기게 할 수 있습니다.

6. 하나님께서 어떻게 창조하셨을까요?

이제 하나님의 창조에 대하여 더 자세히 알아보겠습니다. 인간이 가장 궁금하게 생각하는 것은 우주의 기원이나 생명체의 기원의 문제입니다. 우주나 생명체가 맨 처음에 생길 때 그 현장에서 그것을 직접 관찰한 사람은 아무도 없습니다.

따라서 인간은 많은 가설을 소개하고 있을 뿐입니다.

그러나 모든 것을 정확하게 아시는 분은 오직 하나님밖에 없습니다.

그분은 자신의 말씀을 통해 우리에게 올바른 진리를 계시해 주셨습니다. 그러므로 인간은 성경을 통해 우주의 기원과 생명체의 기원에 대해 정확하게 알 수 있습니다.

그러므로 참된 진리를 알기 위해 성경을 보아야 합니다.

성경은 우리 하나님께서 모든 것을 창조하셨다고 증언하고 있습니다. 하나님께서 어떻게 창조하셨을까요?

7. 무에서 유를 창조하셨습니다.

모든 강은 근원이 있고 모든 이야기는 시작이 있는 법입니다. 우리가 처음으로 성경을 펼치면 창세기 1장 1절을 읽을 수 있습니다.

"태초에 하나님이 천지를 창조하시니라"(창 1:1)

성경은 창조주 하나님의 존재나 창조의 사실에 대하여 굳이 변론하거나 증명하려 하지 않습니다. 오히려 당연한 사실처럼 당당하고 선포하고 있습니다. 하나님께서는 하늘과 땅을 제일 먼저 창조하셨습니다.

이것은 인간이 살고 있는 지구가 얼마나 중요한가를 보여주고 있습니다. 따라서 지구는 해와 달과 별들보다도 제일먼저 창조되었습니다.

하나님의 말씀이 처음부터 잘못되어 있다면 우리는 성경의 대부분도 믿을 수 없을 것입니다. 따라서 이 말씀은 가장 중요한 위치를 차지합니다. 이 말씀에 등장하는 "창조"라는 말은 히브리어로 바라(Bara)인데 그 의미는 무에서 유에로의 순수한 창조를 뜻합니다.

인간의 전설에도 창조이야기가 많이 등장하지만 인간의 전설에 등장하는 창조이야기는 무에서 유에로의 창조개념은 없습니다.

단지 유에서 유를 창조하는 재조자의 개념이 있을 뿐입니다.

하나님께서 첫째 날에 창조한 빛은 어두움과 동시에 존재하였습니다. 그러나 하나님께서 빛과 어두움을 나누셔서 빛을 낮이라 칭하시고 어두움을 밤이라 칭하셨습니다(창 1:4-5).

8. 말씀으로 창조하셨습니다.

하나님께서는 말씀으로 이 세상을 창조하셨습니다.

하나님께서 이르시되 "빛이 있으라" 하시매 빛이 있었습니다(창 1:3). 창세기 1장을 살펴보면 "하나님이 이르시되"라는 말씀이 10회 기록되어 있습니다. 이것은 하나님께서 무에서 말씀으로 모든 것을 창조하셨다는 것을 나타냅니다. 이 얼마나 놀랍습니까?

그런데 예수님께서 요한복음 5장 39에서 "너희가 성경에서 영생을 얻는 줄 생각하고 성경을 연구하거니와 이 성경이 곧 내게 대하여 증언하는 것이니라"라고 말씀하셨습니다.

여기에 등장하는 성경은 구약성경을 지칭합니다.

왜냐하면 그 당시에 신약성경은 단 한 구절도 기록되지 않았기 때문입니다. 따라서 예수님께서 구약성경에 말씀으로 계셨습니다.

요한복음 1:1-3을 보십시오.

"태초에 말씀이 계시니라 이 말씀이 하나님과 함께 계셨으니 이 말씀은 곧 하나님이시니라 그가 태초에 하나님과 함께 계셨고 만물이 그로 말미암아 지은 바 되었으니 지은 것이 하나도 그가 없이는 된 것이 없느니라"

이 말씀에 의하면 예수님께서는 태초에 말씀으로 계셨고, 온 우주 만물이 그분을 통해서 창조되었으며, 창조된 모든 것은 그분이 없이는 존재할 수 없다고 선포하고 있습니다.

그러므로 예수님께서는 신약성경에서 말씀으로 병을 고치셨으며 말씀으로 죽은 자를 살리셨습니다. 그분이 말씀하시자 중풍병자가 일어나 걸어갑니다(막 2:11-12). 그분이 "달리다굼" 하시니 죽은 소녀가 일어나 걸어갑니다(막 5:41-42). 그분이 큰소리로 "나사로야 나오라 부르시니" 죽은지 사흘이나 된 나사로가 수족을 베로 동인 채로 걸어 나옵니다(요 11:43-44).

이 얼마나 놀라운 일입니까?

그분은 바로 말씀으로서 이 모든 역사를 이루신 것입니다.

따라서 모든 그리스도인은 하나님께서 말씀으로 이 세상을 창조한 것을 믿는 것입니다. 그러므로 히브리서 기자는 "믿음으로 모든 세계가 하나님의 말씀으로 지어진 줄을 우리가 아나니 보이는 것은 나타난 것으로 말미암아 된 것이 아니니라"(히 11:3)라고 말씀하고 있는 것입니다.

9. 완전하게 창조하셨습니다.

무한하신 하나님께서 모든 것을 창조하셨기 때문에 모든 것은 아름답고 완전하게 창조되었습니다. 하나님께서는 6일 동안 이 세상을 창조하시고 반드시 "하나님의 보시기에 좋았더라"라는 말씀을 하셨습니다(창 1:4, 10, 12, 18, 21). 그리고 마지막에 인간을 창조하신 후에 "하나님이 그 지으신 모든 것을 보시니 보시기에 심히 좋았더라"라고 말씀하셨습니다(창 1:31).

하나님께서 보시기에 심히 좋았다면 얼마나 아름다웠겠습니까?

이것은 하나님께서 처음부터 모든 것을 완전하게 창조하셨다는 것을 의미합니다.

얼마나 놀랍습니까?

하나님께서는 단지 6일 만에 창조를 완결시켰습니다.

따라서 이것은 수백만 년의 기간을 걸쳐 진화되었다는 진화론을 거부하는 것입니다.

진화론자들은 처음에 미미하고 불완전한 것이 많은 시간이 지나는 동안 완전한 것으로 진화되었다고 주장하지만 우리 하나님께서는 전지전능하신 분으로서 아무런 시행착오 없이 많은 시간이 필요한 것도 아니고 순간적으로 완전하게 창조하신 것입니다.

또한 하나님께서는 모든 생명체를 각기 종류대로 완전하게 창조하셨습니다. 따라서 창세기 1장에는 "종류대로"라는 말씀이 열 번이나 기록되어 있습니다(창 1:11, 12, 21, 24, 25).

그러나 진화론자들은 한 가지 모델에서 다양한 모든 것이 나왔다고 말합니다.

오늘날의 모든 현상들을 자세히 관찰해보십시오.

진화론이 진리라면 지금도 계속해서 다양한 생명체들이 생겨나야 합니다. 그러나 자세히 관찰해보면 생명체들이 생겨나는 것이 아니라 오히려 하나씩 멸종되고 있습니다. 통계에 의하면 지구환경의 오염으로 인해서 하루에 한 종씩 생명체가 멸종되고 있다고 보고하고 있습니다.

따라서 1992년부터 세계는 모든 생명체를 보존하기 위해 협약을 만들어 세계 여러 나라가 가입을 하고 있는데 한국도 가입을 했습니다.

10. 인간을 특별하게 창조하셨습니다.

성경에 의하면 모든 살아있는 생명체와 비교해 볼 때 인간만이 홀로 독특한 위치를 가집니다. 인간은 하나님에 의해 독특하게 창조되었습니다. 그는 하나님의 형상대로 창조되었고 모든 생명체를 다스리도록 지배권을 부여받았습니다. 하나님은 인간에게 다스릴 땅을 주셨습니다. 이것은 인간을 하나님의 대리자로서 모든 우주를 다스리게 하신 것을 의미합니다. 이것은 또한 땅을 경작하는 것뿐만이 아니라 과학과 예술을 발달시키고 심지어는 우주의 탐험까지도 하라는 것을 의미합니다.

그러므로 기독교적인 입장에서 볼 때 인간은 독특한 중요성을 가진 존재이며 하나님의 창조의 절정인 것입니다. 그러므로 하나님은 인간을 창조하신 다음에 이렇게 평가하고 계십니다.

"하나님이 지으신 그 모든 것을 보시니 보시기에 심히 좋았더라 저녁이 되고 아침이 되니 이는 여섯째 날이니라"(창 1:31)

그러나 진화론자들은 인간을 원숭이보다 조금 나은 존재로 여길 뿐입니다. 그들은 인간이 동물이나 식물과 동일한 하나의 자연현상이라고 믿습니다. 인간의 영과 혼과 몸이 초자연적으로 창조된 것이 아니라 진화의 산물이며, 따라서 어떤 초자연적인 존재의 인도를 받아서는 안 되며, 자신만을 의지해야 한다고 주장합니다.

다음은 그들이 선언한 내용입니다.

"인간은 자연의 일부이며, 인간은 계속적인 과정의 결과로서 나타났다. 그러므로 초자연에 대한 신앙과 결부되어진 어떤 독특한 종교적 감정과 태도는 근거가 없는 것이다."

그러나 하나님의 말씀 성경은 이렇게 말합니다.

"하나님이 자기 형상 곧 하나님의 형상대로 사람을 창조하시되 남자와 여자를 창조하시고, 여호와 하나님이 땅의 흙으로 사람을 지으시고 생

기를 그 코에 불어넣으시니 사람이 생령이 되니라”(창 1:27, 2:7)

영이신 하나님은 사람을 창조하실 때 흙으로 지으시고 영을 사람에게 불어넣었습니다. 따라서 사람은 하나님의 영을 따라 지음 받은 영적인 존재이므로 동물과는 달리 하나님을 찾고 경외합니다.

우리 인간은 하나님을 예배하기 위해 지음을 받았습니다.

아무리 미개한 사람이라도 그 마음속에는 하나님을 예배하고 싶은 욕구가 있습니다.

오랫동안 아담과 하와는 에덴이라고 불리는 아름다운 동산에서 기쁨과 행복 가운데 살았습니다. 아담과 그 아내 두 사람은 벌거벗었으나 부끄러움을 몰랐습니다. 그들은 그 아름다운 동산에서 온갖 열매와 꽃들 속에서 행복을 누리며 살았습니다.

인간은 하나님의 형상대로 창조된 존재입니다.

인간이 특별한 것은 하나님의 형상대로 창조되어 하나님의 형상을 보유하고 있기 때문입니다. 이 형상은 외적인 형상이 아니라 오히려 내적인 형상입니다. 그래서 우리 인간은 하나님을 닮았습니다. 하나님은 인격적인 분이시기 때문에 우리 인간도 인격적인 존재로 창조하셨습니다.

하나님과 인간은 인격을 구성하는 특질들과 성품들을 가지고 있습니다. 인간만이 하나님을 닮은 인격적인 존재입니다.

그래서 하나님과 인간은 서로 통하고 서로 사랑할 수 있습니다.

다시 말하면 인격적인 관계 가운데 사랑의 교제를 나누기 위해서 하나님께서 자신의 형상을 좇아 우리 인간을 만드셨습니다.

11. 관계 지향적인 존재로 창조하셨습니다.

인간은 하나님의 형상대로 창조되었기 때문에 하나님과 관계를 맺을 수 있습니다. 하나님은 삼위일체의 하나님이십니다. 한 하나님 안의 세 위, 이것은 신비이지만 분명한 사실입니다. 하나님은 당신의 본성 자체에 이미 관계를 포함하고 계십니다. 하나님은 인격적인 존재이십니다. 그분은 영원히 세 위의 인격이 맺고 있는 관계 안에 존재하십니다.

하나님은 그분 스스로 공동체이십니다.

하나님이 천사와는 다른 피조물인 인간을 창조하시기로 하셨을 때, 그분은 인간에게 당신의 사랑에 반응할 수 있는 독특한 능력을 주셨습니다. 하나님은 당신과 더불어 그리고 다른 동류들과 더불어 관계를 맺을 수 있는 존재로 인간을 지으셨습니다.

하나님은 인간을 지으시되 당신 자신과, 그리고 다른 사람들과 관계를 맺게 하시기 위해 지으셨습니다.

인간은 근본적으로 관계적인 피조물입니다.

갓난아기가 육신의 생명을 유지시키는 우유를 간절히 원하듯, 인간은 내면의 평안을 얻기 위해 필사적으로 관계를 찾아 나섭니다.

우리는 어떤 특정한 부분에서 하나님을 닮았습니다.

그러나 다른 어떤 면은 엄청나게 큰 차이를 가지고 있습니다.

하나님께서는 인간과 나눠 가질 수 없는 성품들을 가지고 계십니다. 피조물과는 공유할 수 없는 하나님만이 갖고 계시는 성품이 있습니다. 그러나 하나님께서 우리에게 나누어주시고 심어주신 성품들이 있습니다. 그러므로 하나님의 형상이란 하나님과 인간이 함께 공유하고 있는 인격의 특질들입니다.

그러므로 인간은 인격적인 존재로서 참된 인격자 되시는 하나님과 아름다운 관계를 맺을 수 있습니다. 인격의 구성 요소를 가지고 있다는 측면에서 우리는 그분과 같습니다. 이와 같이 우리는 하나님의 형상을 담고 있는 귀한 존재들입니다. 하나님께서 "네가 내 눈에 보배롭고 존귀하며 내가 너를 사랑하였은즉"(사 43:4) 이라고 말씀하고 있습니다.

우리는 절대로 하찮은 존재들이 아닙니다.

그래서 구약성경에서는 누가 사람을 죽이면 그 사람 안에 있는 하나님의 형상을 무시하고 죽였기 때문에 그 사람도 죽이라고 말씀하고 있습니다.

"다른 사람의 피를 흘리면 그 사람의 피도 흘릴 것이니 이는 하나님이 자기 형상대로 사람을 지으셨음이니라"(창 9:6)

비록 불구자라도, 똑똑하지 못한 사람이라도 무시해서는 안 되며 학대해서도 안 되는 것입니다.

하나님께서 사람을 하나님의 형상을 따라 만드셨다는 말은 다시 말해서 사람을 무조건 복종하고 시키는 대로만 하는 동물이나 로봇으로 만들지 않았다는 말입니다. 모든 인간이 하나님의 형상대로 창조되었습니다. 하나님은 결코 모든 인간을 차별하시지 않습니다.

그러나 이것을 올바르게 이해하지 못하는 사람들은 편견을 가지고 인종을 대하고 있습니다. 우리는 어느 곳에서나 인종적 편견의 현상을 볼 수 있습니다. 그러나 모든 인간이 하나님의 형상을 따라 창조되었으며 그러므로 모든 인간은 존엄성을 가지고 있습니다.

또한 하나님의 형상은 인간이 타락한 후에도 상실된 것이 아니기 때문에 비록 구원받지 못한 사람에게도 하나님의 형상이 존재하는 것입니다. 성경어디에도 인간이 타락한 후에 하나님의 형상을 잃어버렸다는 기록은 없습니다. 인간이 타락한 후에 하나님의 형상이 약해진 것은 분명하지만 여전히 남아 있는 것입니다.

12. 하나님과 인간의 유사성

로렌스 크랩은 「인간이해와 상담」이라는 그의 저서에서 하나님과 인간의 유사성을 다음과 같이 요약하고 있습니다.

첫째, 깊은 갈망입니다.

호세아 11장 8절에는 고집스럽게 반역하는 자녀들을 보며 슬퍼하시는 아버지 하나님의 마음이 가슴 저리게 표현되어 있습니다.

끓어오르는, 터질 듯한 아버지의 마음을 보십시오.

"내가 어찌 너를 놓겠느냐 이스라엘이여 내가 어찌 너를 버리겠느냐 내가 어찌 너를 아드마 같이 놓겠느냐 어찌 너를 스보임 같이 두겠느냐 내 마음이 내 속에서 돌이키어 나의 긍휼이 온전히 불붙듯 하도다"

하나님의 인격 속에는 단순히 감정적이라고만 이름붙일 수 없는 어떤 주관적인 실체가 존재하고 있음을 우리는 말씀을 통해 알 수 있습니다. 이것은 감정보다 깊습니다. 하나님은 그 존재를 모두 다 바쳐서 당신

자녀들과의 교제 회복을 갈망하고 계십니다.

시편 기자 역시 자신을, 깊은 갈망을 지닌 인격적 존재로 묘사하고 있습니다. 하나님을 향한 그의 갈망은 목이 말라 물을 찾는 사슴의 타는 듯한 갈증과도 같았습니다(시 42:1).

또 다른 곳에서 시편 기자는 이렇게 고백합니다. "하나님이여 주는 나의 하나님이시라 내가 간절히 주를 찾되 물이 없어 마르고 황폐한 땅에서 내 영혼이 주를 갈망하며 내 육체가 주를 앙모하나이다"(시 63:1)

시편 42편 1절의 '갈급함'이라는 단어는 문자 그대로 신음 소리가 절로 나올 정도의 갈망을 뜻합니다. 인간의 내면, 인격의 가장 깊은 부분에는 만족을 향한 갈망이 들어 있습니다. 하나님과 인간은 공히 깊이 갈망할 수 있는 존재입니다.

둘째, 평가적인 사고력을 가지고 있습니다.

노아 시대에 하나님은 사람들의 삶을 평가하셨습니다.

창세기 6장 5절은 "여호와께서 사람의 죄악이 세상에 가득함과 그의 마음으로 생각하는 모든 계획이 항상 악할 뿐임을 보시고"라고 말씀하십니다. 하나님은 인류에 대하여 생각하신 뒤 그런 결론을 내리셨습니다. 인간도 마찬가지로 사고하는 존재입니다. 하나님도 생각하시고, 인간도 생각합니다. 생각하여 결론을 내리고 그 결론에 따라 계획을 세웁니다.

셋째, 능동적인 선택을 합니다.

하나님이 어떤 일을 하실 때, 거기에는 반드시 뜻이 있습니다.

하나님께서 하시는 모든 일은 그분 뜻을 따라 이루어집니다.

즉 어떤 방향을 정하고 그 정한 방향대로 추구해 갈 수 있는 존재로 보시는 것입니다. 하나님도 인간도 추구해야 할 특정한 목표를 선택할 수 있으며, 그 목표 달성에 필요한 구체적인 행동들을 선택할 수 있습니다.

넷째, 감정적인 경험을 가지고 있습니다.

나사로가 죽었을 때 주님은 슬픔을 느끼셨습니다(요 11:33-36). 성전이 장사하는 곳으로 변했을 때 그분은 분노를 느끼셨습니다(요 2:14-17). 우리가 그분의 뜻을 행할 때 주님은 기쁨을 느끼십니다. 예루살렘 성벽이 허물어졌다는 말을 들었을 때 느헤미야는 앉아서 울었습니다(느 1:4). 고난 속에 휩싸인 욥은 그 마음이 어지러웠습니다(욥 30:27). 바울은 자신이 답답했었다고 고백합니다(고후 4:8).

이렇듯 사람들도 외부 세계와 접촉하면서 여러 가지 감정을 경험합니다. 하나님과 인간은 세계와 접촉하면서 공히 감정을 느낍니다. 이 네 가지 요소에 대해 생각하는 동안 우리가 깊이 염두에 두어야할 것이 있습니다.

하나님께서 전적으로 독립적인 존재라는 사실입니다.

그분은 당신의 역량을 완벽하게 발휘하시기 위해서 그 누구도 그 어느 것도 필요로 하지 않으십니다.

그러나 그와 반대로 우리는 전적으로 의존적인 존재입니다.

우리의 역량을 제대로, 아니 조금이라도 발휘할 수 있으려면 우리에게는 반드시 외부의 도움이 필요합니다.

13. 자유의지를 가진 존재로 창조하셨습니다.

하나님께서는 인간을 자유의지를 가진 존재로 창조하셨습니다.

자유의지란 자유롭게 말하고, 행동하고, 결정하고, 선택할 수 있는 것을 의미합니다. 무엇을 할 때도 자원해서 자기 스스로 할 수 있는 인간입니다. 어떤 사람이 다른 사람을 사랑하게 만드는 것은 불가능한 일입니다. 사랑은 당사자의 자유로운 뜻에 의하여 자발적으로 우러나와야 하는 것입니다.

지상의 피조물 중에 자유라는 고귀한 선물을 부여 받은 유일한 존재인 인간, 이것이 에덴동산에 선 아담의 위치였습니다. 아담에게는 선택할 자유도 있었고 거절할 자유도 있었으며, 하나님의 명령에 순종할 자유도 있었고 거역할 수 있는 자유도 있었습니다.

아담에게는 자신을 행복하게 할 수 있는 자유도 있었고 불행하게 할 수 있는 자유도 있었습니다. 아담에게는 완전한 자유가 부여되었습니다.

에덴동산에 서 있는 아담은 죄가 없었습니다. 그의 순결에는 아무런 흠이 없었습니다. 온 우주가 그의 앞에 놓여 있었습니다. 아직 손도 대지 않은 인류의 역사가 기록되기를 기다리는 듯, 아담의 손 밑에 한 장의 깨끗한 양피지처럼 펼쳐지고 있었습니다.

아담은 바야흐로 인류사의 첫 장을 기록할 순간에 직면했던 것입니다. 이런 것들을 살펴볼 때 하나님은 우리 인간에게 얼마나 관심이 많으신 가를 알게 됩니다.

14. 하나님의 최고의 작품으로 창조하셨습니다.

하나님은 우리 인간을 최고의 작품으로 창조하셨습니다.

작품은 정성과 힘을 기울려 만든 하나밖에 없는 것을 말합니다.

그러나 제품은 한 틀에 찍어 내어 대량으로 생산된 물건을 말합니다. 하나님은 우리 인간을 만드실 때 제품을 만들듯이 대량으로 찍어 내신 것이 아닙니다. 그래서 처음에 창조한 것은 아담 한 사람밖에 없었습니다. 그리고 하와는 아담의 갈비뼈를 취해서 만드셨습니다.

그래서 우리 인간들은 모두 작품들입니다.

왜냐하면 다 개성 있게 창조하셨으므로 이 세상에 똑같은 사람은 단 한 사람도 없기 때문입니다. 지금 지구상의 인류가 60억쯤 되는데 지금까지 죽은 숫자는 얼마나 될까요? 100억이라 해도 지금의 인구를 합하면 160억입니다. 그 중에 당신과 똑같은 사람은 단 한 사람도 없습니다.

따라서 당신은 단 하나밖에 없는 작품입니다.

당신은 개성 있는 사람입니다.

그래서 당신은 다른 사람이 되려고 노력할 필요가 없습니다.

하늘에서 내리는 눈송이도 자세히 관찰해 보면 하나하나가 다 다르듯이 우리 모든 인간은 다 다르게 창조되었고 개성 있게 창조된 존재들입니다.

그래서 시편을 기록한 다윗은 "주께서 내 내장을 지으시며 나의 모태에서 나를 만드셨나이다 내가 주께 감사하옴은 나를 지으심이 심히 기묘하심이라 주께서 하시는 일이 기이함을 내 영혼이 잘 아나이다"(시

139:13-14)라고 노래했습니다. 하나님이 자신을 지으셨으므로 자신이 너무나 신기하고 묘하고 측량할 수 없을 정도로 귀한 존재라는 것을 알고 하나님께 감사하는 것입니다.

어느 소녀는 다음과 같은 글을 써서 액자에 걸어 놓고 교훈을 삼았습니다.

"나는 나다! 그러니 내가 남이 되려고 노력할 필요가 없다. 나는 나 자신을 있는 그대로 받아들인다. 나는 정말 존귀한 사람이다. 이 세상에서 꼭 필요한 사람이다. 왜냐하면 하나님이 나를 만드셨고 하나님께서는 필요 없는 것을 만드시는 분이 아니기 때문이다."

그리고 이 세상의 모든 부부들은 특별한 사람하고 함께 살고 있습니다. 어떤 사람은 자기 아내를 소개할 때 '이 세상에서 단 하나밖에 없는 그대'라고 소개합니다. 이 사람뿐이겠습니까? 아닙니다. 사실 모든 부부들은 이 세상에서 유일하게 단 하나밖에 없는 하나님께서 개성 있게 작품으로 창조한 사람하고 함께 살고 있습니다.

그러므로 다른 사람의 배우자와 비교할 필요가 전혀 없습니다.

오히려 감사해야 합니다.

우리는 지금까지 왜 하나님을 믿어야 하는지를 하나님의 창조를 통해서 살펴보았습니다.

왜 하나님을 믿어야 하나요?

하나님께서 나를 창조하셨기 때문입니다.

CHAPTER 4

내가 행복하게 살아갈 수 있기 때문입니다

왜 하나님을 믿어야할까요?

하나님을 믿으면 행복하게 살 수 있기 때문입니다.

사람들은 누구나 행복을 찾고 있지만 많은 사람들이 행복을 찾지 못하고 오히려 고통 속에서 방황하고 있습니다. 행복의 무지개를 찾아 헤매지만 순간적인 만족은 있어도 참된 행복은 없습니다.

버나드 레빈은 참된 행복을 찾지 못해 방황하는 사람들을 이야기합니다.

"우리는 누구나 자기 속에 빈 구멍이 있어 아무리 많은 음식과 음료수를 그 안에 부어 넣더라도, 아무리 좋은 자동차와 재미있는 텔레비전 프로그램으로 그 안을 채워 넣더라도, 아무리 잘 자란 자녀들과 충실한 친구들이 그 가장자리를 행진하더라도 그 빈 구멍이 아프다는 것 외에는 아무도 행복하지 않습니다."

그룹 퀸의 리드 싱어였던 프레디 머큐리도 참된 행복을 찾지 못하고 방황했습니다. 그는 엄청난 재산을 모았고, 수천 명의 팬들을 열광시켰지만 죽기 얼마 전의 인터뷰에서 지독하게 외롭다고 말했습니다. 그는 1991년 말에 세상을 떠났는데, 그의 마지막 앨범인 미라클에 수록된 노래에서 이런 말을 남겼습니다.

"우리가 무엇을 위해 사는지 알고 있는 사람 있습니까? 세상의 모든 것을 다 가지고도 가장 외로운 사람이 될 수 있습니다. 그리고 그것은 가장 쓰라린 외로움입니다. 성공은 나를 기계적인 우상으로 만들었고, 수백만 파운드를 벌게 해 주었지만, 나에게 우리 모두에게 필요한 단 한 가지 참된 행복은 없었습니다."

아리스토틀 오나시스는 세상에서 돈이 많은 사람 중에 하나였지만 참된 행복을 찾지 못하고 죽을 때 이런 말을 남겼습니다.

"백만금이 엄청난 돈이지만 모든 인생에게 필요한 행복을 채워 주는 것은 아닙니다."

레오 톨스토이는 1879년 「고백」이라는 책에서 자신이 참된 행복을 찾기 위해 노력했던 사실을 고백했습니다.

"나는 삶의 의미와 목적을 탐구해왔습니다. 나는 인생에서 얻을 수 있는 최대한의 쾌락을 얻고자 노력했습니다. 나는 모스크바와 페테르스부르그의 사교계에 진출하여 엄청난 술을 마시며, 여러 사람들과 도박을 하면서 방탕한 생활을 했지만 나는 만족하지 못했습니다. 그런 다음 나는 돈 버는 일에 야망을 품었습니다. 나는 유산과 내가 쓴 책으로부터 많은 돈을 벌었습니다. 그러나 그것 역시 나를 만족시켜 주지 못했습니다. 나는 성공과 명예, 사회적 지위를 추구했고, 이 모든 것을 성취했습니다. 그러나 나는 참된 행복을 얻지 못했습니다. 그런 다음 나는 가정에 큰 기대를 걸었습니다. 나는 가족들에게는 가능한 최상의 삶을 제공하고자 노력했습니다. 나는 1862년 결혼하여 상냥하고 사랑이 많은 아내와 13명의 아이들을 갖게 되었습니다. 나는 나의 모든 야망을 이루었으며 완벽한 행복으로 보이는 것들로 둘러싸여 있었습니다. 그러나 나는 결국 자살까지 생각했습니다. 나는 행복을 찾지 못했습니다."

빌 브라이트는 세상에서 성공했으나 행복을 찾지 못했던 사람들을 소개합니다.

"1923년, 시카고의 에지워터 비치(Edgewater Beach) 호텔에 세상에서 가장 성공한 아홉 명의 인사들이 모였습니다. 가장 큰 강철회사 사장, 최대의 공익회사 사장, 최대의 가스회사 사장, 거대한 소맥회사 사장, 뉴욕 증권거래소 사장, 국세청산업은행장, 월 스트리트의 가장 큰 주식 판매자, 특허공사 사장, 정부 각료 한 사람이었습니다. 분명히 여기에는 세상에서 가장 성공한 사람들, 적어도 돈 버는 비밀을 아는 사람들이 모였습니다.

그러나 25년 후에 이들에게 어떠한 변화가 일어났을까요?

강철회사 사장은 파산하여 죽기 전 5년 동안은 빚으로 살다가 죽었고, 공익회사 사장은 법정으로부터 도망 다니다가 외국에서 돈 없이 죽었고, 가스회사 사장은 정신 이상자가 되었고, 소맥회사 사장은 많은 부채를 지고 외국에서 죽었고, 또 뉴욕 증권거래소 사장은 싱싱 형무소에 들어갔습니다. 정부 각료였던 한 사람은 특사로 출옥하여 집에서 죽었습니다. 월 스트리트의 가장 큰 주식 판매자와 특허공사 사장 그리고 국세청산업은행장 등 세 사람은 모두 자살로 일생을 끝마쳤습니다.

이 사람들 모두가 생계를 이어 나가는 기술은 알았으나 아무도 행복한 삶을 사는 비결이 무엇인지는 알지 못했습니다."

1. 많은 사람들이 행복하게 살지 못하는 이유가 무엇일까요?

사람들이 행복하게 살지 못하는 이유는 그들이 예수 그리스도를 만나지 못했기 때문입니다.

행복이란 무엇일까요?

사람들은 어떻게 행복하게 살 수 있을까요?

행복이란 어디에서 찾을 수 있을까요?

행복은 예수 그리스도를 만남으로 시작됩니다.

참된 행복이란 예수님과의 관계에서 옵니다.

행복이란 우리를 창조하신 하나님을 바로 알고 그분과 관계를 맺고 그분과 함께 살아갈 때 오는 삶의 질입니다. 예수님과 함께 사는 것이 인생의 진정한 목적을 알고 그 목적대로 사는 것입니다.

아무리 똑똑하고 공부를 잘하는 학생일지라도, 아무리 사업에 성공한 사업가라도, 아무리 인기 있는 연예인이나 스포츠 선수라도, 아무리 좋은 직업을 가진 사람이라도 인생 여정에서 예수님을 만나지 못했다면 진정한 행복은 경험할 수 없습니다.

당신은 마음속에 공허가 있지 않습니까?

당신이 예수님을 만나지 못했다면 당신의 마음 속 깊은 곳에 공허가 있을 것입니다. 당신의 삶에 만족이 없고 행복이 없을 것입니다.

당신이 진정 예수님을 마음 가운데 영접하여 그분이 당신을 만드신 목적을 보여 주시기까지 당신은 행복할 수 없고 만족할 수 없습니다.

이 지구상에 살고 있는 사람은 어느 누구라도 인간에게 행복을 줄 수 있는 사람은 아무도 없습니다.

어떤 종교나 철학이나 어떠한 사람이라도 행복을 줄 수 없습니다.

오직 예수님만이 당신에게 참된 행복을 주실 수 있습니다.

당신이 오늘 예수 그리스도를 만나면 행복한 삶이 오늘 시작되어 영원토록 지속될 수 있습니다. 당신은 예수님을 통해서 이 세상에서 행복한 삶을 즐길 수 있을 뿐 아니라 행복한 삶이 끝없이 지속되리라는 확신을 가질 수 있습니다.

2. 가장 행복하게 사는 비결을 알려 주시는 분이 있습니다.

예수님은 당신에게 삶을 가장 행복하게 사는 비결을 알려 주시는 분이십니다. 당신의 삶 전체를 바꾸어 놓을 수 있는 참된 행복을 주시는 분이십니다.

하나님께서는 당신을 하나님의 형상을 따라 창조하심으로써 당신에게 존엄성을 부여하시고, 당신을 보배롭고 존귀하게 여기고 계십니다. 하나님께서는 당신에게 커다란 가치를 부여하시고 개인적인 관심을 가지고 계십니다. 당신도 예수님을 만남으로 오늘 행복한 삶을 시작할 수 있습니다.

당신이 진심으로 예수 그리스도를 믿으신다면 행복하게 살아갈 수 있습니다. 당신의 미래는 행복으로 가득할 것입니다.

만약 당신이 예수 그리스도를 믿지 않는다면 인생에서 가장 큰 실패를 하는 것입니다. 그때 당신은 천국과 영원한 생명을 잃어버리게 됩니다. 하지만 당신이 예수님을 당신의 구원자와 주인으로 믿는다면 당신은 인생에서 가장 큰 성공을 거두는 것입니다.

당신은 살아 계시며 참된 인격자이신 예수 그리스도와 개별적으로 관계를 맺고 살아가는 것입니다.

당신은 예수님을 삶의 주인으로 모셔야 합니다.

예수님께서 당신의 마음속에 들어가시면 그분이 주인이 되시겠다는 것을 요구하실 것입니다.

그분은 당신에게 완전한 복종을 요구하실 것입니다.

당신의 삶의 전 영역에서 주인이 되시기를 바라실 것입니다.

당신의 가정생활과 사회생활과 직장생활과 모든 인간관계 가운데 그분이 주인이 되시기를 바라실 것입니다.

당신이 하나님의 의해서 창조된 피조물이기 때문에 당신이 창조주께 의탁할 때만 완전해지고 충만해 질 수 있기 때문입니다. 당신의 생애의 중심부에 창조주가 계실 때만 당신은 비로소 바른 기능을 발휘할 수 있기 때문입니다.

당신이 예수 그리스도를 주님으로 인정하는 것은 그분을 당신의 전 생애, 당신의 전 소유, 당신의 전 행위, 당신의 의지할 대상, 당신의 시간의 절대적 주권자이심을 고백하는 것입니다.

당신이 마음의 왕좌에 예수님을 주인으로 모시면 모든 것이 안전해집니다.

사실 행복이란 더듬어 찾아도 얻지 못하는 것이 아닙니다.

당신이 예수 그리스도를 믿음으로 행복하게 살아갈 수 있습니다.

당신이 매일 아침에 깨어 일어나 받은 축복 낱낱이 헤아려 무릎 꿇고 기도하며 하루를 시작할 수 있습니다.

이제 불만의 씨앗을 뿌리는 헛된 생각은 모두 다 버리고 당신에게 찾아오는 모든 것이 하늘에서 내린 선물로 생각하면서 기뻐할 수 있습니다. 잘못된 욕심일랑 모두 다 버리고 당신이 가진 것은 무엇이든지 갈고 닦아 빛내야 합니다.

3. 예수님과의 만남은 결혼에 비유될 수 있습니다.

당신이 예수님을 믿고 영접하는 것은 결혼에 비유될 수 있습니다. 남자와 여자가 결혼할 때 그들은 서로가 새로운 관계에 들어갑니다. 그들은 서로 새로운 책임을 갖게 됩니다.

마찬가지로 당신이 예수님을 당신의 구원자와 주인으로 믿고 영접하면 예수님께서도 당신을 받아주십니다. 그분은 풍족한 하나님으로서 당신을 받아 주십니다. 그분이 모든 것을 책임져 주십니다.

당신이 예수님을 영접하는 것은 예수님이 당신의 생활을 다스리시도록 맡기는 것입니다. 당신은 예수님을 당신의 가장 중요한 곳에 받아 드리는 것입니다. 결혼도 지, 정, 의를 총동원하여 상대 배우자를 받아드 리는 것입니다.

첫째로 지의 영역에서 상대 배우자를 자세히 알아야 합니다.

둘째로 정의 영역에서 상대를 사랑의 대상으로 느껴야 합니다.

셋째로 의지의 영역에서 의지의 결단을 통하여 결혼서약을 하고 상 대를 받아드리는 것입니다. 신혼여행을 가서도 결혼서약을 통하여 확실 하게 받아드렸기 때문에 상대에게 자신의 몸을 허락하는 것입니다.

그때 그들은 비로소 부부가 된 것이며 부부처럼 느껴질 것입니다.

이처럼 당신도 예수님을 지, 정, 의를 통하여 삶의 주인으로 받아드 릴 수 있습니다.

사실 인간의 마음 가운데는 가장 중요한 마음의 왕좌가 있습니다. 만일 그 왕좌에 자신이 앉아 삶의 모든 일을 자기 마음대로 한다면 당신 은 그리스도인이 될 수 없습니다.

당신은 죄라는 미친 여인과 살다가 돌아서서 예수님께 나아야 합니 다. 예수님은 의와 사랑과 진리와 하나님 자신이신 분이 당신과 결혼하는 것입니다. 당신은 혼자서 행복을 찾을 필요가 없습니다.

당신은 예수 그리스도와 함께 푸른 초장에서 쉴만한 물가에서 교제 하므로 행복을 경험할 수 있습니다.

4. 예수님과의 만남은 인생의 최고의 순간입니다.

"내가 예수 그리스도를 내 마음에 모셨던 그 날을 나는 결코 잊을 수 없습니다. 그분이 내 마음에 들어오신 그 사건은 얼마나 감격적인 일이었는지요? 그것은 감정이 고조된 어떤 극적인 사건이 아니라 내 영혼의 중심에서 발생한 엄연한 사실이었습니다. 그분은 내 어두운 마음에 들어오셔서 빛을 밝히셨습니다. 차가운 난로에 불을 지피고 냉기를 몰아내셨습니다. 그분은 정적이 있던 곳에 음악을 시작하셨고, 불화가 있던 곳에 조화를 이루기 시작하셨습니다. 그분 자신의 사랑 넘치는 놀라운 사귐으로 공허를 채워 주셨습니다. 그리스도께 문을 연 것에 대해 나는 한 번도 후회한 적이 없었고, 앞으로도 영원히 후회하지 않을 것입니다."

(로버트 멍어, P. 5).

"크고 작은 모든 만물 하나님의 손길 드러내니 어디서나 무엇이나 끝없이 오묘하신 솜씨가 보입니다. 온갖 사랑스런 모습과 소리로 땅과 하늘의 하나님을 선포하는 봄의 숱한 기적 속에서 나는 혼자 묻습니다. '내가 누구이기에' 하나님께서는 외아들 보내시어 당신의 섭리 다 이루시니 죄 없으신 그 아들 달리신 십자가로 나를 구원하셨습니다. 죄인인 나를 깨끗하게 하시어 나 같은 자를 하나님의 자녀로 삼으셨습니다. 저 하늘 본향의 영생을 내리시려고 예수 고난 당하셨습니다. 피 흘려 죽으셨습니다."

CHAPTER 5

모든 것이 하나님께 달려있기 때문입니다

"여호와여 위대하심과 권능과 영광과 승리와 위엄이 다 주께 속하였사오니 천지에 있는 것이 다 주의 것이로소이다 여호와여 주권도 주께 속하였사오니 주는 높으사 만물의 머리이심이니이다 부와 귀가 주께로 말미암고 또 주는 만물의 주재가 되사 손에 권세와 능력이 있사오니 모든 사람을 크게 하심과 강하게 하심이 주의 손에 있나이다"(대상 29:11-12)

이 말씀에 의하면 모든 것은 우리 하나님께 달려 있습니다.

위대하심과 권능과 영광과 승리와 위엄과 주권이

다 주께 속하여있습니다.

인간의 부귀영화가 하나님께로부터 주어집니다.

왜 그럴까요?

천지에 있는 것이 다 하나님의 것이기 때문입니다.

하나님은 우주 만물의 머리가 되시고

만물의 주인이 되시기 때문입니다.

하나님의 손에 권세와 능력이 있기 때문입니다.

그러므로 모든 사람을 크게 하심과 강하게 하심이

오직 하나님의 손에 달려 있습니다.

1. 우리 하나님은 인류 역사를 이끌어 가시는 분입니다.

왜 우리가 하나님을 믿어야할까요?

모든 것이 하나님께 달려있기 때문입니다.

우리 하나님이 누구입니까?

하나님은 인류 역사를 이끌어 가시는 분입니다.

그러므로 온 세계 열방이 우리 하나님께 달려 있습니다.

그분이 온 세계 열방을 경영하시는 분이기 때문입니다.

그러므로 시편 기자는 하나님께서 하시는 일을 이렇게 소개합니다.

"여호와께서 나라들의 계획을 폐하시며 민족들의 사상을 무효하게 하시도다 여호와의 계획은 영원히 서고 그의 생각은 대대에 이르리로다 여호와를 자기 하나님으로 삼은 나라 곧 하나님의 기업으로 선택된 백성은 복이 있도다 많은 군대로 구원 얻은 왕이 없으며 용사가 힘이 세어도 스스로 구원하지 못하는도다 구원하는 데에 군마는 헛되며 군대가 많다 하여도 능히 구하지 못하는도다 여호와는 그를 경외하는 자 곧 그의 인자하심을 바라는 자를 살피사 그들의 영혼을 사망에서 건지시며 그들이 굶주릴 때에 그들을 살리시는도다"(시 33:10-12, 16-19)

그렇습니다.

우리 하나님이 이 세상 역사를 이끌어 가시는 역사의 주인이십니다.

그러므로 그분이 계획하시고, 그분이 사랑과 정의로 이 세상을 통치하시고 다스리십니다. 그분이 나라들의 계획을 폐하시기도 하시고, 민족들의 사상도 폐하시기도 합니다.

하지만 하나님의 계획은 영원하기 때문에

인간들이 바꿀 수 없습니다. 그분은 생각은 대대에 이릅니다.

그러므로 하나님을 자기 하나님으로 삼은 나라는 복을 받습니다.

하나님의 백성으로 선택된 백성은 행복해 집니다.

오늘날 하나님을 섬기고 예배하는 나라는

모두 복을 받는 이유가 여기에 있습니다.

왜 그럴까요?

우리 하나님께서 하나님 말씀을 통해서 하나님을 자기 하나님으로 삼은 나라는 복을 받는다고 약속하셨기 때문입니다. 그러므로 하나님의 약속은 절대로 부도가 나지 않습니다.

우리 하나님께서 열면 닫을 자가 없고, 그분이 닫으면 열자가 없습니다. 그러므로 만사가 그분께 달려 있습니다.

"내가 또 다윗의 집의 열쇠를 그의 어깨에 두리니 그가 열면 닫을 자가 없겠고 닫으면 열 자가 없으리라, 빌라델비아 교회의 사자에게 편지하라 거룩하고 진실하사 다윗의 열쇠를 가지신 이 곧 열면 닫을 사람이 없고 닫으면 열 사람이 없는 그가 이르시되"(사 22:22, 계 3:7)

그러므로 인간들이 하나님을 떠나서 혼자서 아무리 발버둥 쳐봐도 아무런 소용이 없습니다. 전쟁에서 군사의 숫자가 많고 무기가 많다고 이기는 것이 아니라 하나님께서 승리를 주셔야 이기는 것입니다.

"많은 군대로 구원 얻은 왕이 없으며 용사가 힘이 세어도 스스로 구원하지 못하는도다 구원하는 데에 군마는 헛되며 군대가 많다 하여도 능히 구하지 못하는도다"(시 33:16-17)

우리 하나님께서 세계를 경영하시는데

누가 감히 그것을 폐하겠습니까?

"이것이 온 세계를 향하여 정한 경영이며 이것이 열방을 향하여 편 손이라 하셨나니 만군의 여호와께서 경영하셨은즉 누가 능히 그것을 폐 하며 그의 손을 펴셨은즉 누가 능히 그것을 돌이키랴"(사 14:26-27)

우리 하나님께서 어떤 일을 하신다면 그 일을 반드시 이루시고

그것을 성취하시고 경영하십니다.

하나님이 생각하시는 것은 그대로 이루어집니다.

"만군의 여호와께서 맹세하여 이르시되 내가 생각한 것이 반드시 되 며 내가 경영한 것을 반드시 이루리라"(사14:24)

우리 하나님께서 다스리셔야

온 세계가 굳게 서고 흔들리지 않습니다.

그분이 세계 만민을 공평하게 심판하십니다.

우리는 하나님이 우리의 하나님이 되심을 알아야 합니다.

그분이 우리를 지으셨고, 우리는 그분의 것이요, 그분의 백성이요,

그분이 길으시는 양이기 때문입니다.

"모든 나라 가운데서 이르기를 여호와께서 다스리시니 세계가 굳 게 서고 흔들리지 않으리라 그가 만민을 공평하게 심판하시리라 할지 로다, 여호와가 우리 하나님이신 줄 너희는 알지어다 그는 우리를 지으 신 이요 우리는 그의 것이니 그의 백성이요 그의 기르시는 양이로다"(시 96:10, 100:3)

그러므로 우리는 하나님을 믿어야 합니다.

2. 우리 하나님은 우리 인생의 주인이십니다.

우리 하나님은 거대한 우주를 창조하시고, 나라들을 통치하시며,

계획을 세우시고 영원토록 통치하십니다.

그분의 생각은 대대에 이르는 거국적이고 우주적인 생각으로

모든 것을 이끌어 가십니다.

하지만 우리 하나님은 우리 같은 작은 인생 한 사람 한 사람의 내면

까지도 보살피시는 분입니다. 바로 내 인생과 내 내면까지도 살피시는 분

입니다. 그분이 내 죄를 아시고, 내 생각을 아시고, 나를 용서하시며, 내

기도를 응답하시며, 나를 하나님의 자녀로 삼아주셨습니다.

그분이 바로 나의 인생의 주인이십니다.

그분이 나의 마음을 지으신 분입니다.

그분이 내가 하는 모든 일들을 굽어 살피시는 분입니다.

그분이 나를 구원할 계획을 세우셨습니다.

그분이 나의 영혼을 사망에서 건지셨습니다.

그분이 나의 도움과 방패가 되십니다.

그분이 나에게 인자를 베푸셨습니다

그분이 나를 의인으로 세워 주셨습니다.

그러므로 우리는 하나님을 믿고 그분께 감사해야 합니다.

그분을 경외하고, 그분을 즐거워하고 그분을 의지해야 합니다.

"여호와께서 하늘에서 굽어 보사 모든 인생을 살피심이여 곧 그가 거

하시는 곳에서 세상의 모든 거민들을 굽어 살피시는 도다 그는 그들 모두

의 마음을 지으시며 그들이 하는 일을 굽어 살피시는 이로다"(시 33:13-15)

우리 하나님은 어떤 상황에서도 하나님의 일을 하시는 분입니다.

그분이 모든 것을 다 하십니다.

우리 인간이 잘못할 때도 그분이 심판하시고, 그분이 징계하시고, 그분이 연단하시고, 그분이 회복하십니다.

"그러므로 주 만군의 여호와 이스라엘의 전능자가 말씀하시되 슬프다 내가 장차 내 대적에게 보응하여 내 마음을 편하게 하겠고 내 원수에게 보복하리라 내가 또 내 손을 네게 돌려 네 찌꺼기를 잿물로 씻듯이 녹여 청결하게 하며 네 혼잡물을 다 제하여 버리고 내가 네 재판관들을 처음과 같이, 네 모사들을 본래와 같이 회복할 것이라 그리한 후에야 네가 의의 성읍이라, 신실한 고을이라 불리리라 하셨나니"(사 1:24-26)

하나님은 여기서 "내가 대적에게 보응하고, 내가 청결하게 하며, 내가 본래의 모습으로 회복할 것이라"라고 말씀하십니다.

하나님은 우리 인생의 주인이시기 때문에 우리가 하나님을 의지하지 않고 다른 것들을 의지할 때 그것들을 제하여 버리시는 분입니다.

"보라 주 만군의 여호와께서 예루살렘과 유다가 의뢰하며 의지하는 것을 제하여 버리시되 곧 그가 의지하는 모든 양식과 그가 의지하는 모든 물과 용사와 전사와 재판관과 선지자와 복술자와 장로와 오십부장과 귀인과 모사와 정교한 장인과 능란한 요술자를 그리하실 것이며"(사 3:1-3)

하나님께서 유다가 의뢰하고 의지하는 것들을 다 재하여 버리시겠다고 말씀하십니다. 여기 소개된 것들은 모두 인간들이 좋아하고 의지하는 것들입니다. 이런 것들만 있으면 인간들은 교만하여 목이 뻣뻣하고 눈

빛이 달라지고 걸음 거리가 달라집니다.

하지만 우리 하나님께서 그것들을 다 제하여 버리시므로 말미암아 다른 것들을 의지한 인간들이 망할 것이며, 슬퍼할 것이며, 황폐할 것이라고 말씀하십니다. 마치 여자가 자기 몸을 아름답게 꾸몄지만 그러한 것들을 다 제하여 버리시므로 수치를 당하게 할 것이라고 말씀하십니다.

"여호와께서 또 말씀하시되 시온의 딸들이 교만하여 늘인 목, 정을 통하는 눈으로 다니며 아기작거려 걸으며 발로는 쟁쟁한 소리를 낸다 하시도다 그러므로 주께서 시온의 딸들의 정수리에 딱지가 생기게 하시며 여호와께서 그들의 하체가 드러나게 하시리라 주께서 그 날에 그들이 장식한 발목 고리와 머리의 망사와 반달 장식과 귀 고리와 팔목 고리와 얼굴 가리개와 화관과 발목 사슬과 띠와 향합과 호신부와 반지와 코 고리와 예복과 겉옷과 목도리와 손 주머니와 손 거울과 세마포 옷과 머리 수건과 너울을 제하시리니 그 때에 썩은 냄새가 향기를 대신하고 노끈이 띠를 대신하고 대머리가 숱한 머리털을 대신하고 굵은 베 옷이 화려한 옷을 대신하고 수치스러운 흔적이 아름다움을 대신할 것이며 너희의 장정은 칼에, 너희의 용사는 전란에 망할 것이며 그 성문은 슬퍼하며 곡할 것이요 시온은 황폐하여 땅에 앉으리라"(사 3:16-26)

그러므로 하나님께서는 다른 것들을 의지한 인간들의 상황이 달라지는 모습을 이사야 3장 24절에서 설명하십니다.

그 때에는 "썩은 냄새가 향기를 대신하고 노끈이 띠를 대신하고 대머리가 숱한 머리털을 대신하고 굵은 베 옷이 화려한 옷을 대신하고 수치스러운 흔적이 아름다움을 대신할 것이라"고 말씀하십니다.

이러한 것들은 인간이 수치를 당하는 모습을 설명한 내용들입니다.

우리의 인생이지만 우리에게 달려 있는 것이 아니라

우리 하나님께 달려 있습니다.

"여호와여 내가 알거니와 사람의 길이 자신에게 있지 아니하니 걸음을 지도함이 걷는 자에게 있지 아니하니이다"(렘 10:23)

하나님이 나의 반석과 산성이 되시기에 그분이 나를 인도하시고 지도하십니다. 내가 비록 모든 대적들 때문에 욕을 당하고 내 이웃에게서도 욕을 심히 당하므로 내 친구들이 놀라고 피하더라도 사람들이 나를 비방하므로 두려움이 임하더라도 사람들이 나를 치려고 함께 의논하더라도, 그들이 나를 죽이려하더라도 나는 하나님을 의지할 수 있습니다. 나의 앞날이 그들에게 달려 있는 것이 아니라 주의 손에 달려 있기 때문입니다.

"주는 나의 반석과 산성이시니 그러므로 주의 이름을 생각하셔서 나를 인도하시고 지도하소서, 내가 모든 대적들 때문에 욕을 당하고 내 이웃에게서는 심히 당하니 내 친구가 놀라고 길에서 보는 자가 나를 피하였나이다, 내가 무리의 비방을 들었으므로 사방이 두려움으로 감싸였나이다 그들이 나를 치려고 함께 의논할 때에 내 생명을 빼앗기로 꾀하였나이다 여호와여 그러하여도 나는 주께 의지하고 말하기를 주는 내 하나님이시라 하였나이다 나의 앞날이 주의 손에 있사오니 내 원수들과 나를 핍박하는 자들의 손에서 나를 건져 주소서"(시 31:3, 11, 13-15)

3. 우리 하나님은 멸망을 당할 사람은 결코 그냥 봐주시는 분이 아닙니다.

"있을 때 잘하라"는 말이 있는 것처럼 하나님께서 사랑해 주시고 믿으라고 말씀하실 때 우리는 믿어야 합니다. 우리가 나중에 후회하고 믿겠다고 나와도 아무런 소용이 없습니다.

그래서 우리 예수님은 "거룩한 것을 개에게 주지 말며 너희 진주를 돼지 앞에 던지지 말라"(마 7:6)고 말씀하십니다.

하나님의 사랑을 거절한 사람들은 마땅히 멸망을 당하게 됩니다.

하나님은 그들이 다시 깨닫고 돌아오는 것을 원하지 않습니다.

우리 하나님께서 비유로 말씀하시는 이유가 여기에 있습니다.

다시 말해서 우리 하나님께서는 하나님의 사랑을 받아드린 성도들을 대하는 자세와 하나님의 사랑을 거절한 불신자들을 대하는 자세가 다릅니다. 그래서 하나님은 사랑을 받아드린 성도들은 가장 아름다운 천국으로 보내지만 하나님의 사랑을 거절한 사람들은 아주 끔찍하고 무서운 지옥으로 보냅니다.

하나님은 하나님의 사랑을 거절한 사람들이 깨닫고 돌아오는 것과 고침을 받는 것을 원하시지 않으시기 때문에 그들의 마음이 둔하여, 그들의 귀가 막히어, 그들의 눈이 멀어, 그들이 들어도 깨닫지 못하게 하십니다.

"여호와께서 이르시되 가서 이 백성에게 이르기를 너희가 듣기는 들어도 깨닫지 못할 것이요 보기는 보아도 알지 못하리라 하여 이 백성의 마음을 둔하게 하며 그들의 귀가 막히고 그들의 눈이 감기게 하라 염려하건대 그들이 눈으로 보고 귀로 듣고 마음으로 깨닫고 다시 돌아와 고침을 받을까 하노라 하시기로 내가 이르되 주여 어느 때까지니이까 하였더니 주께서 대답하시되 성읍들은 황폐하여 주민이 없으며 가옥들에는 사람이 없고 이 토지는 황폐하게 되며 여호와께서 사람들을 멀리 옮기셔서 이 땅 가운데에 황폐한 곳이 많을 때까지니라"(사 6:9-12)

그러면 우리 하나님께서 언제까지 그렇게 하실까요?

하나님의 대답은 멸망을 당할 때까지라고 말씀하십니다.

나중에 하나님을 찾고 나오면 우리 하나님께서 비웃으십니다.

"하늘에 계신 이가 웃으심이여 주께서 그들을 비웃으시리로다, 내가 불렀으나 너희가 듣기 싫어하였고 내가 손을 폈으나 돌아보는 자가 없었고 도리어 나의 모든 교훈을 멸시하며 나의 책망을 받지 아니하였은즉 너희가 재앙을 만날 때에 내가 웃을 것이며 너희에게 두려움이 임할 때에 내가 비웃으리라 너희의 두려움이 광풍 같이 임하겠고 너희의 재앙이 폭풍 같이 이르겠고 너희에게 근심과 슬픔이 임하리니 그 때에 너희가 나를 부르리라 그래도 내가 대답하지 아니하겠고 부지런히 나를 찾으리라 그래도 나를 만나지 못하리니 대저 너희가 지식을 미워하며 여호와 경외하기를 즐거워하지 아니하며 나의 교훈을 받지 아니하고 나의 모든 책망을 업신여겼음이니라 그러므로 자기 행위의 열매를 먹으며 자기 꾀에 배부르리라 어리석은 자의 퇴보는 자기를 죽이며 미련한 자의 안일은 자기를 멸망시키려니와 오직 내 말을 듣는 자는 평안히 살며 재앙의 두려움이 없이 안전하리라"(시 2:4, 잠 1:24-33)

하나님께서 왜 그렇게 하실까요?

하나님께서 사랑으로 불렀지만 듣기를 싫어하였고, 사랑의 복음을 멸시하고 하나님의 책망을 받아드리지 아니하고, 하나님을 경외하지 아니하고, 복음의 교훈을 받아드리지 아니하고, 말씀을 업신여겼기 때문이라고 말씀하십니다.

그러므로 지옥의 재앙이 폭풍같이 임할 때와 근심과 슬픔이 임할 때와 지옥의 두려움이 임할 때에 그 때서야 하나님을 찾아 불러보아도 우리 하나님께서는 절대로 대답하시지 않으시고, 만나주시지 않으시는 이유는 그들 스스로가 지옥을 선택했기 때문입니다.

그러므로 지옥에 들어가는 사람들은 자기 행위의 열매를 먹는 것이며, 자기의 꾀에 배부른 것입니다. 결국 자신이 어리석어서 자신을 지옥으로 몰아넣는 것입니다.

자신이 미련하기에 자기 자신을 스스로 멸망시킨 것입니다.

우리가 하나님의 복음과 말씀을 거역하고 하나님의 뜻을 멸시하면 흑암과 사망의 그늘에 앉으며 수많은 어려움을 당하게 됩니다.

"사람이 흑암과 사망의 그늘에 앉으며 곤고와 쇠사슬에 매임은 하나님의 말씀을 거역하며 지존자의 뜻을 멸시함이라"(시 107:10-11)

그러므로 나중에 하나님께 심판을 받을 때 단 한 사람도 무죄로 풀려나는 사람은 없습니다. 심판의 날이 다가오면 이미 믿는 사람들은 모두 천국으로 들어가고, 우리 하나님께서는 믿지 아니하는 사람들만 심판대에 세우시기 때문에 하나님께 심판을 받는 사람들은 100% 다 지옥에 들어갑니다.

　그래서 우리 하나님께서는 홍수로 온 세상을 심판하실 때 인간을 구원하는 방주의 문을 하나님께서 직접 닫으셨고, 방주의 문이 닫힌 후에는 다시는 열리지 않았으며, 단 사람도 구원을 받지 못하고 모두 다 멸망을 당하게 했습니다.

　그러므로 하나님의 사랑으로 우리 인간이 구원을 받을 수 있는 기회는 기간이 있고 끝날 때가 있습니다. 그러므로 우리는 은혜의 시대가 끝나기 전에 심판의 시대가 시작되기 전에 우리는 지금 하나님의 사랑을 받아드리고 복음을 받아드려야 합니다.

　오직 하나님의 말씀과 복음을 듣고 받아드린 사람은

　평안히 살며 재앙의 두려움이 없이 안전합니다.

　그러므로 우리 하나님께 피하면 안전합니다.

　형벌을 받지 않고 지옥에도 들어가지 않습니다.

　우리가 의지할 분은 오직 우리 하나님밖에 없습니다.

　그 누구라도 하나님을 믿고 그분을 의지하고 그분께 피하면 안전합니다. 그분이 천지와 바다와 우주 만물을 다 지으심 분이시기 때문입니다. 그분이 진실함을 영원히 지키시는 분이시기 때문입니다.

　그분이 우리 인간의 모든 문제를 다 해결해 주시기 때문입니다.

　그러므로 우리는 도울 힘이 없는 인생을 의지하지 말고 우리 하나님을 의지하고 그분의 도움을 받으며 살아야 합니다. 우리 인간은 신이 아니라 절대적으로 의존적인 존재이며 한계상황이 있기 때문입니다.

　그러므로 우리는 하나님의 이름으로 살고, 성령의 능력으로 살고, 하나님의 말씀으로 살고, 기도하며 살고, 하나님을 의지하며 살아야 합니다. 우리 예수님의 또 다른 이름이 임마누엘이라는 것은 인간은 혼자서는 살아갈 수 없는 존재이기 때문에 우리 하나님께서 우리와 함께 살아가기 위해서 오셨다는 뜻입니다.

"내가 여호와께 아뢰되 주는 나의 주님이시오니 주 밖에는 나의 복이 없다 하였나이다, 여호와께서 그의 종들의 영혼을 속량하시나니 그에게 피하는 자는 다 벌을 받지 아니하리로다, 여호와께 피하는 것이 사람을 신뢰하는 것보다 나으며 여호와께 피하는 것이 고관들을 신뢰하는 것보다 낫도다, 귀인들을 의지하지 말며 도울 힘이 없는 인생도 의지하지 말지니 그의 호흡이 끊어지면 흙으로 돌아가서 그 날에 그의 생각이 소멸하리로다 야곱의 하나님을 자기의 도움으로 삼으며 여호와 자기 하나님에게 자기의 소망을 두는 자는 복이 있도다 여호와는 천지와 바다와 그 중의 만물을 지으시며 영원히 진실함을 지키시며 억눌린 사람들을 위해 정의로 심판하시며 주린 자들에게 먹을 것을 주시는 이시로다 여호와께서는 갇힌 자들에게 자유를 주시는도다 여호와께서 맹인들의 눈을 여시며 여호와께서 비굴한 자들을 일으키시며 여호와께서 의인들을 사랑하시며 여호와께서 나그네들을 보호하시며 고아와 과부를 붙드시고 악인들의 길은 굽게 하시는도다"(시 16:2, 34:22, 118:8-9, 146:3-9)

그러므로 하나님을 떠나서 내가 힘쓸 필요가 없습니다.

하나님을 의지하지 아니하고 내 스스로 모든 것을 해결하려는 태도가 바로 교만이요 오만입니다. 내가 큰일과 감당하지 못할 일을 하려고 애를 쓰고 힘을 쓸 필요가 없습니다.

우리는 단지 젖 뗀 아기처럼 하나님 품속에서 평안히 쉬면됩니다.

"여호와여 내 마음이 교만하지 아니하고 내 눈이 오만하지 아니하오 며 내가 큰 일과 감당하지 못할 놀라운 일을 하려고 힘쓰지 아니하나이다 실로 내가 내 영혼으로 고요하고 평온하게 하기를 젖 뗀 아이가 그의 어 머니 품에 있음 같게 하였나니 내 영혼이 젖 뗀 아이와 같도다 이스라엘 아 지금부터 영원까지 여호와를 바랄지어다"(시 131:1-3)

그러므로 우리는 하나님이 하시는 일에 반응을 잘해야 합니다.

우리는 하나님이 하신 일을 기뻐하고 찬양해야 합니다.

"여호와께서 시온의 포로를 돌려 보내실 때에 우리는 꿈꾸는 것 같 았도다 그 때에 우리 입에는 웃음이 가득하고 우리 혀에는 찬양이 찼었도 다 그 때에 뭇 나라 가운데에서 말하기를 여호와께서 그들을 위하여 큰 일을 행하셨다 하였도다 여호와께서 우리를 위하여 큰 일을 행하셨으니 우리는 기쁘도다"(시 126:1-3)

우리 하나님께서 믿는 우리를 의롭다고 판결하시는데 누가 감히 정 죄할 수 있을까요? 하나님의 판결에 이의를 재기할 천사나 다른 사람은 이 세상에 아무도 없습니다.

"누가 능히 하나님께서 택하신 자들을 고발하리요 의롭다 하신 이 는 하나님이시니 누가 정죄하리요 죽으실 뿐 아니라 다시 살아나신 이는 그리스도 예수시니 그는 하나님 우편에 계신 자요 우리를 위하여 간구하 시는 자시니라"(롬 8:33-34)

우리 하나님께서 우리를 위해서 많은 일들을 행하셨습니다.

하나님께서 창조한 것들이 이 세상 에 가득합니다.

하나님께서 창조한 모든 것들은 때를 따라 하나님께서 먹을 것을 주시기를 바라고 있습니다. 우리 하나님께서 베풀어 주시면 살아있는 생물들은 만족하고, 그분이 숨기시면 그들이 떨고, 그분이 호흡을 거두시면 죽어서 먼지처럼 날아갑니다.

"여호와여 주께서 하신 일이 어찌 그리 많은지요 주께서 지혜로 그들을 다 지으셨으니 주께서 지으신 것들이 땅에 가득하니이다 거기에는 크고 넓은 바다가 있고 그 속에는 생물 곧 크고 작은 동물들이 무수하니이다, 이것들은 다 주께서 때를 따라 먹을 것을 주시기를 바라나이다 주께서 주신즉 그들이 받으며 주께서 손을 펴신즉 그들이 좋은 것으로 만족하다가 주께서 낯을 숨기신즉 그들이 떨고 주께서 그들의 호흡을 거두신즉 그들은 죽어 먼지로 돌아가나이다"(시 104:24-25, 27-29)

우리 하나님은 자신이 행하신 일로 말미암아 즐거워하시고 기뻐하시는 분입니다. 그분은 실수하시지 않으시며, 모든 것을 완벽하게 행하시는 분이시기 때문입니다. 그러므로 우리는 그분이 하시는 일들을 만민이 알게 전파해야 합니다.

"여호와의 영광이 영원히 계속할지며 여호와는 자신께서 행하시는 일들로 말미암아 즐거워하시리로다, 여호와께 감사하고 그의 이름을 불러 아뢰며 그가 하는 일을 만민 중에 알게 할지어다"(시 104:31, 105:1)

왜 우리가 믿어야 하나요?

모든 것이 하나님께 달려있기 때문입니다.

CHAPTER 6

천국과 지옥은 실제로 존재하기 때문입니다

왜 하나님을 믿어야할까요?

천국과 지옥은 실제로 존재하기 때문입니다.

우리가 전도를 하면서 사람들에게 천국과 지옥에 대해 이야기하면 많은 사람들은

"당신이 천국과 지옥에 가보았느냐? 오늘날같이 과학과 기술이 고도로 발달한 시대에 천국과 지옥에 어디에 있느냐?"

라고 반문을 하는 경우가 있습니다.

오늘날 이 세상에 존재하는 사람들 중에 성경이 말하는 대로 천국과 지옥이 실제로 존재한다면 하나님을 믿지 않을 사람은 아무도 없을 것입니다.

그렇다면 우리는 왜 하나님을 믿어야 할까요?

천국과 지옥은 실제로 존재하기 때문입니다.

그렇다면 우리가 천국과 지옥이 실제로 존재한다는 사실을 어떻게 알 수 있을까요?

우리는 성경을 통해서 알 수 있고, 예수님께서 말씀하시는 내용을 통해서 알 수 있습니다.

오직 예수님만이 사후의 세계를 정확하게 아시는 분입니다.

예수님이 활동하시던 시대나 오늘 날이나 사람들이 가장 궁금하게 생각하는 것은 사람들이 죽은 다음에 들어가는 사후의 세계일 것입니다. 성경이 말하는 대로 사람이 죽은 다음에 하늘나라에 들어가 행복하게 살게 되는지, 아니면 지옥에 들어가 영원토록 고통을 당하게 되는지 궁금하게 생각합니다.

그러므로 "그것이 알고 싶다. 천국과 지옥"입니다.

그래서 우리 예수님께서는 실제로 있었던 사건 하나를 통해서 천국과 지옥의 실상을 그대로 말씀해 주셨습니다.

그 사건은 우리가 잘 알고 있는 부자와 거지 나사로에 대한 이야기입니다.

이제 예수님께서 말씀하신 지옥의 실상을 알아보겠습니다.

어느 마을에 한 부자가 있어 좋은 옷을 입고 날마다 호화롭게 잔치를 벌이며 즐기고 있었습니다. 하지만 나사로라는 한 거지는 온 몸에 질병을 앓으며, 부자의 대문 앞에 버려진 채, 그 부자의 상에서 나오는 부스러기로 배를 채우며, 불쌍하게 살아가고 있었습니다(눅 16:19-21).

그런데 세월이 흘러 결국 두 사람은 다 죽었지만 거지 나사로는 하늘나라에 들어갔고, 부자는 지옥 불에 떨어지게 되었습니다.

그렇다면 성경이 말하는 지옥은 어떤 곳일까요?

1. 지옥의 불은 문자 그대로 뜨거운 불입니다.

사람들은 지옥에 들어간 부자가 불 속에서 고통을 당하는 것을 보고 '설마 정말 지옥에 불 못이 있을까?'하고 의심하지만 지옥의 불은 문자 그대로 뜨거운 불입니다.

왜냐하면 그 불에 영향을 받는 결과가 실제의 불의 결과와 동일하기 때문입니다. 고통 속에서 부르짖는 부자의 소리를 들어보십시오.

"아버지 아브라함이여 나를 긍휼히 여기사 나사로를 보내어 그 손가락 끝에 물을 찍어 내 혀를 서늘하게 하소서 내가 이 불꽃 가운데서 괴로워하나이다"(눅 16:24)

지옥이 실제로 불이 아니라면 왜 부자가 자신의 혀를 서늘하게 하기 위해서 물을 요구했겠습니까? 그러므로 부자가 죽어서 그 즉시 지옥에 들어갔던 것처럼 믿지 않는 사람들은 그 사람이 죽으면 그 즉시 이 세상에서 떠나 지옥 불속으로 들어가는 것입니다.

천국과 지옥에 중간도 없고, 연옥도 없으며, 죽으면 그 즉시 지옥의 불속으로 들어가는 것입니다.

하지만 우리 그리스도인들은 죽으면 그 즉시 이 세상을 떠나 하나님 앞으로 들어갑니다(고후 5:8).

반면에 구원받지 못한 사람은 죽으면 그 즉시 지옥으로 들어가며, 고통과 재앙으로 들어가는 것입니다.

그러므로 본문에 나오는 나사로도 죽자 그 즉시 천사들에게 받들려 아브라함의 품에 들어갔고, 부자도 죽어 그 즉시 지옥으로 들어갔습니다.

“이에 그 거지가 죽어 천사들에게 받들려 아브라함의 품에 들어가고 부자도 죽어 장사되매 그가 음부에서 고통 중에 눈을 들어 멀리 아브라함과 그의 품에 있는 나사로를 보고”(눅 16:22-23)

또한 부자의 화려한 장례식도 아무런 도움이 되지 못합니다.

거지는 장사를 지냈다는 기록이 없기 때문에 아마 가마니에 둘둘 말아서 갔다 버렸는지도 모릅니다.

하지만 부자는 분명히 화려한 장례식으로 수많은 사람들이 참여하고 화려한 장식에 아주 거창한 장례를 치렀겠지만 그 부자는 즉시 지옥의 고통 속으로 들어갔습니다.

그런데 그 부자는 자신이 죽은 이후에도 자신의 모든 의식기능이 지속되고 있었습니다.

그 부자는 죽은 후에도 볼 수 있었고, 말할 수 있었고, 울 수도 있었고, 고통을 느낄 수 있었고, 기억할 수도 있었습니다. 그래서 아브라함은 그 부자에게 이 세상에서 살아갈 때 있었던 모든 것을 기억하라고 말합니다.

“아브라함이 이르되 얘 너는 살았을 때에 좋은 것을 받았고 나사로는 고난을 받았으니 이것을 기억하라 이제 그는 여기서 위로를 받고 너는 괴로움을 받느니라”(눅 16:25)

그러므로 그 부자는 자신이 복음을 거절하여 구원받지 못했던 것을 기억하고 자신이 하나님을 믿지 않고 구원받지 못한 것을 매우 후회했을 것입니다.

그리고 이 부자는 자기 집에 있는 형제들을 기억하며, 자기 집 앞에서 구걸했던 나사로를 다시 보내어 자기 형제들에게 전도해서 이 고통 받는 지옥에 오지 않게 해달라고 아브라함에게 간청합니다.

"이르되 그러면 아버지여 구하노니 나사로를 내 아버지의 집에 보내소서 내 형제 다섯이 있으니 그들에게 증언하게 하여 그들로 이 고통 받는 곳에 오지 않게 하소서"(눅 16:27-28)

사람들이 궁금하게 생각하는 것은 또 있습니다.

사람들이 죽은 다음에 죽은 사람과 소통할 수 있을까요?

2. 사람이 죽은 후에 죽은 자와 산자 사이에 의사소통은 불가능합니다.

이 세상에는 무당들이 많습니다.

사람들이 무당이 되려면 그들에게 신이 내려야 하고 자기 조상 중에 어떤 사람이 알려주기 때문에 사람의 모든 것을 알 수 있다고 말하지만 사실 그것은 귀신의 거짓말에 불과합니다.

죽은 사람과 산자 사이에 의사소통은 불가능하기 때문에 무당하고 관계된 것은 조상신이 아니라 귀신들의 장난인 것입니다.

귀신은 인간이 죽어서 그 영혼이 귀신이 되는 것이 아니라 루시퍼가 타락하여 사탄이 될 때 함께 타락한 천사들이 귀신들이 되었습니다. 그 귀신들은 사람들을 자기 손아귀에 넣고 다스리기 위해서 사람들을 속이고 있습니다.

그러므로 이 부자도 고통 받는 지옥에 있으면서 자기 형제들에게 이 고통 받는 지옥에 오지 말라고 말할 수가 없었습니다.

또한 나사로도 보낼 수가 없었습니다.

그리고 예수님을 믿는 전도는 죽은 자를 살려 보내서 그들이 전도하는 것이 아니라 모세와 선지자들에게 들으라고 말합니다.

여기서 말하는 '모세와 선지자'는 성경을 지칭하기 때문에 죄인은 성경을 통해서 하나님의 말씀을 듣고 복음을 깨달아 구원을 받을 수 있는 것입니다.

바로 오늘날의 교회와 구원받은 하나님의 사람들의 전도를 통하여 성경 말씀을 통해서 복음을 들어야 구원을 받고 지옥에 들어가지 않는 것입니다(눅 16:27~31).

그러므로 사람이 죽은 다음에는 다시 예수님을 믿고 천국에 갈 기회는 없습니다.

그렇다면 지옥에 들어간 사람들의 소원은 무엇일까요?

3. 지옥에 들어간 사람의 소원은 한 방울의 물을 먹는 것입니다.

이 부자는 지옥에 들어가서 한 가지 소원이 있었습니다.

그것은 목마름의 고통을 해결하기 위하여 한두 방울의 물을 요구했던 것입니다.

"불러 이르되 아버지 아브라함이여 나를 긍휼히 여기사 나사로를 보내어 그 손가락 끝에 물을 찍어 내 혀를 서늘하게 하소서 내가 이 불꽃 가운데서 괴로워하나이다 아브라함이 이르되 애 너는 살았을 때에 좋은 것을 받았고 나사로는 고난을 받았으니 이것을 기억하라 이제 그는 여기서 위로를 받고 너는 괴로움을 받느니라"(눅 16:24-25)

그런데 손가락 끝에 물을 찍으면 물이 얼마나 될까요?

겨우 한두 방울의 물입니다. 하지만 지옥에 들어간 부자가 얼마나 뜨겁고 갈증이 심했으면 겨우 한 두 방울의 물을 요구했을까요?

이 부자는 지금도 지옥 불 가운데서 고통을 받고 있으니 이 얼마나 비참하고 기가 막힌 일입니까? 이 부자는 이 세상에 있을 때는 날마다 호화로이 잔치를 벌이고 즐겼던 사람이었지만(눅 16:19)

여기서는 한 방울의 물도 먹을 수가 없어서 구걸을 하고 있습니다.

이 부자는 이 세상에서 나사로를 배부르게 먹인 적이 있어서 그것을 생각하고 나사로를 보내어 물을 달라고 요구를 했겠지만 비록 이 세상에서 나사로를 잘 보살펴 주었더라도 소용이 없는 것은 지옥과 천국의 사이에는 큰 구렁텅이가 놓여 있기 때문입니다.

이렇게 엄청난 큰 간격이 있기 때문에 천국에서 지옥으로 갈 수도 없고, 지옥에서 천국으로 올 수도 없는 것입니다.

"그뿐 아니라 너희와 우리 사이에 큰 구렁텅이가 놓여 있어 여기서 너희에게 건너가고자 하되 갈 수 없고 거기서 우리에게 건너올 수도 없게 하였느니라"(눅 16:26)

4. 그렇다면 누가 이렇게 큰 간격을 만들었을까요?

하나님이 인간과 하나님 사이의 엄청난 간격을 만드셨을까요?

아닙니다.

그 엄청난 간격을 바로 우리 인간이 만들었습니다.

인간이 처음부터 하나님과 인간 사이에 큰 간격을 만들었지만 하나님은 오히려 우리 사람들을 긍휼히 여기시고, 다시 십자가를 통하여 인간이 하나님께 올 수 있는 길을 마련하시고, 구원의 다리를 마련하시고 건너올 수 있게 하셨지만 이 세상에서 하나님의 사랑을 거절했기 때문에 그들이 지옥에 들어가는 것입니다.

그래서 그 큰 구렁텅이는 인간이 스스로 만든 것입니다.

그리고 죽음 후에 다시 천국에 들어갈 기회는 없으며, 어떤 사람이 죽은 후에 그 사람을 위한 화려한 장례의식이 거행되고, 유명한 목사나 신부가 장례식을 인도하고, 많은 사람들이 기도를 많이 드리고, 교회에 엄청난 액수의 헌금을 드려도, 그 사람이 지옥에서 다시 천국으로 가는 것은 불가능한 일입니다.

사람이 죽으면 더 이상의 구원의 기회란 없습니다.

그러므로 구원을 받을 수 있는 기회는 오직 이 땅에서만 있습니다.

5. 그러면 이 부자가 죽은 후에 왜 지옥에 들어갔을까요?

이 사람이 부자이기 때문에 지옥에 들어간 것은 아닙니다.

이 땅에서 날마다 호화로이 잔치하면서 불쌍한 이웃을 돌보지 않고 거지 나사로를 보살펴 주지 않아서 지옥에 들어간 것이 아닙니다.

이 부자가 지옥에 들어간 것은

그가 부자였다거나 가난해서 들어간 것이 아닙니다.

그가 유식하거나 무식해서 들어간 것도 아닙니다.

그가 현명하거나 우매해서 들어간 것도 아닙니다.

그러므로 부자가 스스로 말하는 것처럼 그는 하나님께 회개하지 않아서 그 무서운 지옥에 들어갔던 것입니다. 그래서 그 부자는 "나는 회개하지 않아서 지옥에 들어갔습니다."라고 말하고 있습니다. 그래서 나사로를 자기 집에 보내 전도하면 형제들이 회개하고 이 고통 받는 지옥에 오지 않을 것을 그는 누구보다도 잘 알고 있었습니다.

그는 이 사실을 지옥에 가서야 철저하게 배웠기 때문에 "그렇지 아니하니이다 아버지 아브라함이여 만일 죽은 자에게서 그들에게 가는 자가 있으면 회개하리이다"(눅 16:30)라고 말하고 있습니다.

어떤 사람들은 예수님께서 말씀하신 지옥에 대한 이야기는 사실이 아니라 상징에 불과하다고 말합니다. 하지만 누가복음 16장의 말씀은 상징이 아니라 실제로 있었던 사건을 말하는 것입니다.

우리 예수님은 사람이 죽은 다음에 들어가는 사후세계에 대해서 정확하게 알고 계시는 하나님이시기 때문입니다.

그러므로 우리 예수님께서 누구를 두려워하라고 했습니까?

사랑과 친절을 가르치신 예수님께서는 "내가 내 친구 너희에게 말하노니 몸을 죽이고 그 후에는 능히 더 못하는 자들을 두려워하지 말라 마땅히 두려워할 자를 내가 너희에게 보이리니 곧 죽인 후에 또한 지옥에 던져 넣는 권세 있는 그를 두려워하라 내가 참으로 너희에게 이르노니 그를 두려워하라"(눅 12:4-5)라고 말씀하셨습니다.

우리의 몸을 죽이겠다는 위협하는 사람들을 두려워하지 말고, 우리의 몸을 죽이고 그 다음에는 더 이상 어떤 것을 할 수 없는 사람은 두려워하지 말고, 죽은 후에 지옥에 던져 넣는 권세를 가지신 하나님을 두려워하라고 말씀하시는 것입니다.

그러므로 우리 예수님은 하나님으로서 하나님의 사랑을 거절하고 믿지 않는 사람들을 지옥에 던져 넣을 수 있는 권세를 가지신 분입니다.

6. 그러므로 예수님은 지옥의 고통에 대해서 자세히 설명하셨습니다.

"만일 네 손이 너를 범죄하게 하거든 찍어버리라 장애인으로 영생에 들어가는 것이 두 손을 가지고 지옥 곧 꺼지지 않는 불에 들어가는 것보다 나으니라 만일 네 발이 너를 범죄하게 하거든 찍어버리라 다리 저는 자로 영생에 들어가는 것이 두 발을 가지고 지옥에 던져지는 것보다 나으니라 만일 네 눈이 너를 범죄하게 하거든 빼버리라 한 눈으로 하나님의 나라에 들어가는 것이 두 눈을 가지고 지옥에 던져지는 것보다 나으니라 거기에서는 구더기도 죽지 않고 불도 꺼지지 아니하느니라"(막 9:43-48)

그렇다면 예수님께서 이 말씀을 하신 목적이 무엇일까요?

의도가 무엇일까요?

지옥이 없는데 그냥 상징으로 말한 것일까요?

그러므로 우리는 성경을 잘 읽는 방법을 알아야 합니다.

성경을 잘 읽는 방법은 성경의 본문에서 하나님의 마음을 읽는 것입니다.

과연 예수님은 어떤 마음으로 이 말씀을 하셨을까요?

그러므로 우리는 예수님께서 말씀하신 내용을 주의 깊게 살펴보면서 예수님의 마음을 읽어야 합니다.

여기서 우리 예수님은 우리 사람들에게 '지옥은 인간이 갈 곳이 못 된다.'고 말씀하시는 것입니다. '어떠한 희생을 치루더라도 지옥만은 절대로 가지 말라'고 말씀하시는 것입니다. 비록 손을 찍어 버리고, 발을 찍어버리고, 눈을 빼어버리고, 지옥에 가지 않을 수 있다면 그렇게 하라고 말씀하시는 것입니다.

지옥에서 견딜 수 있는 인간의 몸은 없기 때문에 어떠한 희생을 치루더라도 지옥만은 절대로 가지 말라고 말씀하시는 것입니다. 그만큼 지옥은 엄청나고 끔찍한 곳입니다.

7. 그렇다면 지옥은 우리 인간에게 필요한 장소일까요?

어떤 사람들은 사랑의 하나님이 지옥을 만들어 놓고 사람들을 그 곳으로 보내시는 분이 아니라고 말합니다.

하지만 지옥은 인간에게 꼭 필요한 장소입니다.

왜 지옥이 인간에게 필요한 장소일까요?

이 세상에서 우리는 준법자들과 범죄자들을 갈라놓고 있습니다.

우리는 법률을 지키는 사람들의 안전과 보호를 위해서 범죄자들을 갈라놓고 있습니다.

만일 모든 형무소의 문들을 다 열어 놓는다면, 그래서 감금된 모든 죄수들이 풀려 나온다면, 우리의 생명과 재산은 안전하게 보호되지 못할 것이 분명합니다. 우리는 법을 지키는 시민들로부터 법을 어기는 사람들을 분리하여 수용할 장소가 절대적으로 필요합니다.

마찬가지로 지옥은 우주의 형무소로서 하나님의 법을 저버리고 하나님의 아들 예수님을 배척하고, 복음을 순종치 않은 사람들이 구원받은 성도들로부터 분리되어 영원토록 지내는 곳입니다.

우리는 이 세상에서 정신 이상자들을 정신이 온전한 자들로부터 분리시켜 갈라놓고 있습니다. 만일 정신 이상자들을 분리시키지 않는다면 우리의 생명은 위협을 받을 것입니다.

마찬가지로 지옥은 정신 이상자들을 수용하는 우주의 장소로서 구원받고 예수님을 마음에 모시고 예수님의 인격과 성품을 본받는 성도들로부터 분리시키는 곳입니다.

우리는 세상에서 살아 있는 사람과 죽은 사람을 갈라놓고 있습니다.

우리가 아무리 사랑하는 사람이라도 죽으면 그 시체를 계속 방안에 둘 수는 없습니다. 만약 그대로 둔다면 방안은 불쾌하고 비위생적이어서 살아 있는 사람을 건강하고 안전하게 보호할 수는 없을 것입니다.

그러므로 지옥은 우주의 공동묘지와 같은 곳으로 죄와 허물로 죽은 자들을 그리스도 안에서 예수 믿고 구원받아 새로운 생명으로 살아난 성도들에게서 분리시켜 놓는 장소입니다.

그렇다면 어떤 사람들은 그래도 하나님이 너무하신다고 생각할 것입니다. 하지만 이 모든 것은 하나님의 사랑을 거절한 죄 때문에 분리되어 지옥에 들어가는 것입니다.

만일 우리가 하나님의 사랑을 거절한다면 우리에게 재앙이 내려지고 두려움이 임할 때 하나님은 우리를 바라보시고 비웃으시며 이렇게 말씀하실 것입니다.

"너희의 두려움이 광풍같이 임하겠고 너희의 재앙이 폭풍같이 이르겠고 너희에게 슬픔과 근심이 임하리니 그때에 너희가 나를 부르리라 그래도 내가 대답지 아니하겠고 부지런히 나를 찾으리라 그래도 나를 만나지 못하리니 대저 너희가 지식을 미워하여 여호와 경외하기를 즐거워하지 아니하여 나의 교훈을 받지 아니하고 나의 모든 책망을 업신여겼음이라 그러므로 자기 행위의 열매를 먹으며 자기 꾀에 배부르리라"(잠 1:26-31)

참으로 하나님은 사랑의 하나님으로서 그분이 참고 기다리시는 동안만 거절할 수 있습니다.

하나님이 사랑으로 말씀하실 때 우리가 믿지 않으면

우리는 심판의 엄중한 꾸중을 들을 수밖에 없습니다.

하나님의 사랑을 거절한 사람은 나중에 아무리 부르짖고 구원을 요청해도 하나님은 대답하시지 않으시고 만나 주시지 않으십니다.

결국 예수님을 부인했기 때문에

그 대가로 저주를 받고 지옥에 들어가는 것입니다.

그러므로 성경의 말씀대로 지옥과 천국은 실제로 존재하기 때문에 우리는 하나님을 믿어야 합니다.

예수님만이 유일한 구원자이시기 때문입니다

왜 하나님을 믿어야할까요?

예수님만이 유일한 구원자이시기 때문입니다.

기독교의 창시자는 예수님이시기 때문에

그분을 떠나서는 기독교는 존재할 수 없습니다.

만약 어떤 사람이 기독교를 신앙으로 선택하려면

먼저 예수님이 어떤 분이신지 바르게 알아야 합니다.

그분을 바르게 알지 못하면 참된 신앙은 성립될 수 없습니다.

예수님 당시에도 예수님을 바로 알지 못하고 다른 이유로 예수님을 따르는 사람들이 많이 있었습니다.

어떤 사람들은 자신의 질병을 치유하기 위해서 예수님을 따라갔으며, 또 어떤 사람들은 예수님이 로마의 지배로부터 이스라엘을 해방시킬 것이라는 기대감을 가지고 예수님을 따라갔습니다.

그러므로 우리는 예수 그리스도께서 과연 어떤 분이신지 바로 알아야 합니다.

우리 인간의 가장 심각한 문제는 하나님으로부터 단절되어 죄와 죽음과 죽은 이후에 심판을 받고 지옥에 들어가는 것입니다.

그런데 이 세 가지 문제를 해결하는 길은

오직 우리 주 예수 그리스도밖에 없습니다.

그래서 우리 예수님은 요한복음 14장 6절에서 "내가 곧 길이요 진리요 생명이니 나로 말미암지 않고는 아버지께로 올 자가 없느니라"라고 말씀하셨습니다.

그러므로 사도행전 4장 12절에서 베드로와 요한은 "다른 이로써는 구원을 받을 수 없나니 천하 사람 중에 구원을 받을 만한 다른 이름을 우리에게 주신 일이 없음이라 하였더라"라고 말씀하고 있습니다.

사도 바울이 디모데에게 보낸 편지에서도 "하나님은 한 분이시요 또 하나님과 사람 사이에 중보자도 한 분이시니 곧 사람이신 그리스도 예수라"(딤전 2:5)라고 말합니다.

그러므로 오직 예수 그리스도만이 하나님께로 나아가는 유일한 길입니다. 천하의 모든 사람 중에 우리를 구원하실 분은 오직 예수 그리스도밖에 없습니다.

하나님과 사람의 파괴된 엄청난 간격은 오직 중보자 되시는 예수 그리스도로로만 회복될 수 있습니다. 그러므로 오직 예수 그리스도만이 우리에게 참된 행복을 주실 수 있습니다. 예수님은 우리에게 삶을 가장 행복하게 사는 비결을 주실 수 있는 분입니다. 우리의 삶 전체를 바꾸어 놓을 수 있는 참된 행복을 주실 수 있는 분입니다.

그러므로 우리는 예수 그리스도를 믿어야 합니다.

그렇다면 왜 예수 그리스도만이 유일한 구원자가 되실 수 있을까요?

1. 오직 예수님만이 죄를 용서하는 권세를 가지신 분이기 때문입니다.

어느 날 예수님께서 가버나움의 어느 집에 계실 때에 많은 사람이 그 집에 모여들었습니다. 사람들이 많이 모였기 때문에 문 앞까지도 들어설 자리가 없을 정도였습니다. 예수님께서 사람들에게 하나님의 말씀을 가르치고 있었을 때 네 사람에 의해 한 중풍병자가 예수님께로 오게 되었습니다(막 2:1-3).

그 당시에 사람들이 너무나 많이 모여 있었기 때문에 예수님께로 데리러갈 수 없게 되자 네 사람은 그 집의 지붕 위로 올라가 지붕을 뚫고 구멍을 낸 후에 중풍병자가 누워 있는 침상을 지붕 위로 끌어올려 이미 뚫어 놓은 구멍을 통해서 예수님 앞으로 달아 내렸던 것입니다.

바로 그때 예수님께서는 네 명의 진실한 믿음을 보시고 먼저 중풍병자의 죄를 용서해 주셨습니다.

"예수께서 그들의 믿음을 보시고 중풍병자에게 이르시되 작은 자야 네 죄 사함을 받았느니라 하시니"(막 2:5)

그러므로 예수님은 이 사건을 통해서 그분이 죄를 사하는 권세를 가지신 하나님이시라는 것을 친히 나타내셨습니다.

하지만 군중 속에 서 있는 어떤 서기관은 예수님의 행동을 이해할 수가 없었습니다. 그래서 속으로 "이 사람이 어찌 이렇게 말하는가 신성 모독이로다 오직 하나님 한 분 외에는 누가 능히 죄를 사하겠는가?"(막 2:6-7)라고 말합니다.

그러면 여기 서기관의 문제가 무엇일까요?

예수님을 하나님으로 믿지 못하는 것이 문제입니다.

그분을 하나님으로 믿으면 그분이 죄를 사하시는 것은 아무런 문제가 되지 않기 때문입니다. 오직 하나님만이 죄를 사하시는 권세를 가지신 분이시기 때문입니다.

그러므로 우리 예수님은 하나님이시기 때문에 서기관의 생각까지도 읽고 계셨습니다. 그래서 예수님은 그에게 조용히 질문하십니다.

"중풍병자에게 네 죄 사함을 받았느니라 하는 말과 일어나 네 상을 가지고 걸어가라 하는 말 중에서 어느 것이 쉽겠느냐"(막 2:9)

사실 예수님의 질문은 그들에게 매우 어려운 질문이었습니다.

그래서 존 크로스는 예수님의 질문에 대해 이렇게 말했습니다.

"어떤 변호사라도 이보다 더 어려운 질문을 생각해 낼 수는 없을 것이다. 서기관들은 머리를 쥐어짰을 것이다. '이 사람은 분명히 중풍병자다. 그리고 그의 마비된 사지를 지금 회복시키는 것은 불가능하다. 오직 하나님만이 그렇게 치료할 수 있지 않은가? 그런데 예수가 저 말라 비틀러진 팔다리에 힘을 불어 넣는다면, 그렇다면 예수가 메시아? 아니야, 그건 말도 안 돼. 하나님께서 이 땅에 오신다면 저런 모습으로 오실 리가 없어. 참 대답하기 힘든 질문이네, 골치 아프군. 이 사람은 도대체 자기가 누구라고 생각하는 건가? 자기가 하나님이라도 된단 말인가?'"

결국 우리 예수님께서는 이 세상에서 유일하게 죄를 사하는 권세가 있다는 것을 보여 주기 위해서 그 중풍병자에게 손도 되지 않고 오직 말씀으로만 중풍병자를 고쳐주셨습니다.

"그러나 인자가 땅에서 죄를 사하는 권세가 있는 줄을 너희로 알게
하려 하노라 하시고 중풍병자에게 말씀하시되 내가 네게 이르노니 일어
나 네 상을 가지고 집으로 가라 하시니"(막 2:10-11)

그러므로 우리 예수님은 사람의 죄를 용서하시는 하나님이십니다.

2. 오직 예수님만이 여자의 후손이 되시기 때문입니다.

이 세상에는 두 종류의 사람들이 살고 있습니다.

여자의 후손과 남자의 후손입니다.

남자의 후손은 남자와 여자가 관계를 하여 태어난 모든 사람은
다 남자의 후손입니다.

그렇다면 여자의 후손은 누구입니까?

오직 유일하게 예수 그리스도만이 여자의 후손입니다.

우리 예수님은 남자와 여자가 관계를 하여 태어나신 분이 아니라
오직 하나님께서 죄에 빠진 우리 인간을 구원하시기 위해서 처녀 마리아
의 몸을 빌려 태어나신 분이기 때문입니다. 그분은 육적인 아버지가 없
었는데 요셉이라고 하는 아버지는 그를 낳지 않고 기르기만 했으며, 그
의 어머니 마리아는 요셉과 결혼하기 전에 성령으로 예수님을 잉태하였
기 때문입니다.

그러므로 예수님은 인류역사에 있어서 처녀의 몸에서 나신 유일한
분으로 그분은 성령님을 그의 아버지로 삼고 처녀 어머니를 그의 어머니

로 삼아 이 세상에 오셨습니다.

그러면 남자의 후손과 여자의 후손의 결정적인 차이가 무엇일까요?

남자의 후손은 모두 아담의 죄를 물려받은 죄인들이고 여자의 후손은 아담의 죄를 물려받지 않고 무죄한 상태에서 태어나셨기 때문에 죄가 없다는 것입니다.

그래서 오직 유일하게 예수 그리스도만이 죄가 없는 분입니다.

그분은 우리 인간과 하나님 사이에 중보자가 되기 위하여 무한하신 하나님이 인간의 몸을 입으시고 이 땅에 오셨습니다.

그러므로 그분만이 하나님과 사람을 이어 주실 수 있는 유일한 중보자가 되십니다. 중보자는 양쪽 모두를 다 잘 알아야 하기 때문입니다.

그분은 하나님께로부터 나셨기 때문에 한 손을 위로 펼쳐서 거룩한 하나님을 잡으시고, 그분은 여자로부터 나셨기 때문에 다른 한 손을 아래로 벌려 버림받은 죄 많은 사람들을 잡으실 수 있으신 분입니다.

그분만이 홀로 죄 많은 사람들을 거룩하신 하나님 아버지께로 인도하실 수 있는 것입니다.

"예수께서 이르시되 내가 곧 길이요 진리요 생명이니 나로 말미암지 않고는 아버지께로 올 자가 없느니라"(요 14:6)

요한복음 1장 1절에 보면 그분은 태초에 말씀으로 계셨습니다.

요한복음 1장 14절에 보면, 그 말씀이신 하나님이 육신을 입고 우리 가운데 거하셨는데 바로 그분이 예수님이십니다.

그래서 그분은 완전하신 하나님이시고 동시에 참된 인간이십니다.

그래서 그분은 육체를 가진 어머니에게서 태어나셨으며, 그분은 한 가정에서 성장하셨고, 젊은 시절을 작은 마을에서 목수로 보내셨으며, 그분은 30세에 가르치는 일을 시작하여 집도 소유도 없이 이스라엘의 성과 촌을 두루 다니며 가르치셨습니다. 그분은 몇몇 친구들을 불러 모으셨는데, 그 중에는 어부들과 세금 걷는 사람들도 있었습니다.

그분은 3년 동안 돌아다니시면서 병을 고치고, 가르치며, 궁핍한 것을 채워주셨습니다.

그분은 산에서 조용히 혼자 계시면서 자신의 아버지께 기도하기를 좋아하셨습니다.

또한 그분은 집에서 사람들과 함께 지내며 대화하는 것을 즐기셨습니다. 그분은 모든 종류의 사람들과 친하게 지내셨는데 지식이 많은 바리새인부터 사회에서 멸시받는 도둑과 윤락녀들에 이르기까지 모든 사람들과 가까이 지내셨습니다.

그분은 배고프고 목마른 것이 무엇인지 아셨기 때문에 먹지 않으면 주리셨고(마 4:2), 육체적으로 오래 걸으시고는 피곤하셨으며(요 4:6), 하루를 고되게 일하시고는 주무셨으며(막 4:38), 슬픔을 보면 인간이시기 때문에 눈물을 흘리셨으며(요 11:35), 성장과정을 거치셨고(눅 2:52), 그분은 출생지와 호적까지 있는 분입니다(마 2:1).

하지만 우리 예수 그리스도는 하나님이셨습니다.

그분은 문둥병자를 만져주셨고 모든 종류의 질병을 고쳐주셨으며, 때로는 많은 증인들이 보는 가운데서 죽은 사람을 다시 살리시기까지 하셨습니다. 그분은 귀신들에게 귀신들린 자에게서 나가라고 명령하여 귀신들린 자에게 평안과 온전함을 되찾아주셨습니다.

그분은 다른 사람을 섬기고 돕는 삶을 사셨으며, 그분에게는 허물이 하나도 없었습니다. 그분은 사람들에게 실수하여 사과한 일이 전혀 없었으며, 자신의 이익 추구나 시기, 불친절함도 없었습니다.

그분은 수시로 순수한 사랑을 보여주셨습니다.

그분은 화를 내신 일이 있었던 것은 사실이지만, 그 화는 정당한 것이었고 완전한 절제 가운데 이루어졌습니다. 그분이 화를 내신 것은, 하나님의 집이 기도하는 집이 되기는커녕 착취와 탐욕의 집으로 사용되는 것을 보셨기 때문입니다.

그분을 심문했던 로마 총독 빌라도마저도

그에게서 죄를 찾을 수 없다고 시인했습니다.

그러므로 오직 예수님만이 사람들의 죄를 용서하실 수 있는 분입니다. 그분은 자신이 언젠가 세상을 심판하신다고 주장하셨습니다(마 25:31-45). 그분은 자신이 다시 돌아와 영광의 보좌에 앉아 모든 민족을 심판하실 것이라고 말씀하셨습니다.

그분은 사람들이 자신을 어떻게 대하였는가에 따라 달라질 것이라고 말씀하셨습니다. 예수님께서는 본인이 하나님의 아들 그리스도라고 주장하셨습니다(막 14:61-64). 그분이 대제사장에게 심문을 받을 때 대제사장은 '네가 하나님의 아들 그리스도냐?'라고 질문하자 예수님은 '그렇다 내가 전능하신 분의 오른편에 앉은 것과 구름을 타고 오는 것을 너희가 볼 것이다'라고 말씀하셨습니다.

그러므로 그분이 바로 우리를 구원하실 하나님이십니다.

3. 예수님이 하나님이라는 사실을 입증할 수 있는 방법은 무엇일까요?

첫째는 예수 그리스도의 가르침 때문입니다.

예수님의 가르침은 사람의 입술에서 떨어진 가장 위대한 가르침이라고 널리 인정되었습니다. 미국의 신학 교수인 버나드 램은 예수님의 가르침에 대해 이런 말을 했습니다.

"그의 가르침이 더 많이 읽혀지고, 더 많이 인용되고, 더 많이 사랑받고, 더 많이 믿어지고, 더 많이 번역되는 것은 사람이 한 말 중에 가장 위대하기 때문이다. 그 위대함은 사람의 가슴 속에 고동치는 커다란 문제들을 알기 쉽게, 분명히, 그리고 권위 있게 다루는 순수하고 투명한 정신 속에 있다. 다른 어떤 사람의 말도 예수 그리스도의 말씀만큼 호소력을 갖지 못했다. 왜냐하면 다른 어떤 사람도 이 근본적인 인간의 문제들에 대해서 예수 그리스도처럼 대답하지 못했기 때문이다. 그러나 예수님의 말씀은 우리가 하나님이 주실 것이라고 기대한 그런 말씀이었고 대답이었다."

예수님은 성경에서 자신에 대해 자세히 가르치셨습니다.

예수님이 매력적인 이유 중 하나는 그의 가르침의 많은 부분이 자신에 관한 것입니다.

그분은 사람들에게 자신에 대하여 다음과 같이 가르치셨습니다.

첫째, 나는 생명의 떡이다(요 6:35).

세상은 온통 굶주려 있기 때문에 20세기 초의 심리학자였던 지그몬

드 프로이드는 사람들은 사랑에 굶주려 있고, 그의 제자 칼 융은 사람들은 안전함에 굶주려 있고, 애들러는 중요성에 굶주려 있다고 말했습니다. 그러나 예수님은 '내가 바로 생명의 떡이니 너희들의 허기진 굶주림을 채우고 싶다면 내게 오라'고 자신 있게 말씀하셨습니다.

그러므로 모든 철학의 굶주림도, 심리학의 굶주림도, 경제와 정치의 굶주림도 바로 예수 그리스도를 통해서 해결할 수 있습니다.

둘째, 나는 세상의 빛이다(요 8:12).

세상은 온통 어두움에 빠져 있기 때문에 많은 사람들은 어둠과 우울함과 환멸과 절망 속에서 허덕이고 있습니다.

그들은 가야할 곳을 찾지 못하고 방황하고 있을 때 우리 예수님은 '나는 세상의 빛이니 나를 따르는 자는 어두움에 다니지 않고 생명의 빛을 받을 것이다'라고 자신 있게 말씀하셨습니다.

셋째, 나는 부활이요 생명이다(요 11:25).

많은 사람들이 죽음을 두려워하는 이유는 죽음은 사람을 구별하지 않으며, 모든 사람을 같은 지위로 하락시키기 때문입니다. 죽음은 만민을 차별 없이 대하기 때문에 모든 사람들은 죽음을 두려워합니다.

그러나 우리 예수님은 '나는 부활이요 생명이니 나를 믿는 자는 죽어도 살겠고 무릇 살아서 나를 믿는 자는 영원히 죽지 않을 것이다'라고 자신 있게 말씀하셨습니다.

넷째, 나는 안식처로다(마 11:28).

많은 사람들이 걱정과 근심, 공포와 죄의식으로 어깨가 무겁겠지만 우리 예수님은 '수고하고 무거운 짐 진 사람들아 다 내게로 오라 내가 너희를 쉬게 하리라'고 자신 있게 말씀하셨습니다.

다섯째, 나를 따라 오너라(막 1:17).

많은 사람들은 자기 삶을 어떻게 꾸려나가야 하는지, 누구를 따라야 하는지 확신을 가지지 못하고 있지만 우리 예수님은 '나를 따르라'고 자신 있게 말씀하셨습니다.

여섯째, 나를 영접하여라(마 10:40).

많은 사람들은 어떤 신을 마음속에 모셔야할지 모르고 방황하고 있을 때 우리 예수님은 '나를 영접하라 나를 영접하는 자는 하나님을 영접하는 것이다'라고 자신 있게 말씀하셨습니다.

일곱째, 나를 본 사람은 하나님을 보았다(요 14:9).

예수님의 제자 빌립은 하나님을 보고 싶어 했는데 우리 예수님은 '빌립아, 내가 이렇게 오래 너희와 함께 있으되 네가 나를 알지 못하느냐 나를 본 자는 아버지를 보았거늘 어찌하여 아버지를 보이라 하느냐'라고 자신 있게 말씀하셨습니다.

따라서 예수 그리스도의 가르침은 모든 서구 문명의 기초가 되었으며, 서구의 많은 법 조항은 근본적으로 예수님의 가르침에 바탕을 둔 것이며, 많은 사람들은 더 빨리 이동하고, 더 많은 것을 알게 되었지만 2,000년이 지나도록 예수 그리스도의 교훈적인 가르침보다 더 좋은 것을 가르친 사람은 아무도 없었습니다.

그렇다면 예수 그리스도께서 하나님이라는 사실을 입증할 수 있는 방법은 무엇일까요?

둘째는 예수 그리스도의 행하심 때문입니다.

예수님은 기적들을 행하시고 그 기적들이 모두 '아버지께서 내 안에 계시고 내가 아버지 안에 있는(요 10:38)' 증거라고 말씀하셨습니다. 사실 그분과 함께 지내는 것은 신나는 일이었습니다.

기독교는 지루하다고 말하는 사람들도 있겠지만 예수님과 함께 있는 사람들은 결코 지루하지 않았습니다. 그분은 어떤 잔치에서 물로 포도주를 만드셨습니다(요 2:1-11). 그분은 한 사람의 도시락을 받아 수천 명이 먹을 수 있는 양으로 늘리시기도 하셨습니다(막 6:30-44).

그분에게는 자연을 다스리는 능력이 있어서 바람과 파도에게 명령하여 폭풍을 잠잠하게 하셨습니다(막 4:35-41).

그분은 사람들의 질병을 치료하실 때 보지 못하는 눈을 뜨게 하시고, 귀머거리와 벙어리가 듣고 말하게 하셨으며, 중풍에 걸린 사람을 걷게 하셨습니다. 그분이 환자들이 모여 있는 곳을 방문했을 때, 38년 동안 앓아누웠던 사람이 자기 자리를 거둬들고 일어나는 기적이 일어났습니다(요 5:1-9).

그분은 사람들을 그들의 삶을 지배하고 있는 사악한 세력으로부터 자유롭게 하셨습니다. 때로는 그분께서 죽었던 사람을 다시 살리기도 하셨습니다(요 11:38-44).

그렇다면 그분의 행동이 어찌 지루하겠습니까?

오히려 신나는 일이 아니겠습니까?

예수 그리스도께서 하셨던 모든 행동들이 그토록 감동을 주는 이유는 단순히 그가 행한 기적 때문만은 아닙니다.

그것은 바로 그분이 사랑으로 행하셨기 때문입니다.

특히 그분은 사랑을 받지 못하는 사람들을 사랑하셨습니다.

그러한 사랑은 그분이 하신 모든 행동의 원동력이 되었습니다.

그 사랑은 십자가 위에서 정점에 이루었는데 그것은 그분이 이 땅에 온 가장 큰 이유였습니다. 사람들이 그를 괴롭히고 십자가에 못 박았을 때도 그분은 이렇게 말씀하셨습니다. '아버지 저 사람들을 용서해 주십시오. 저들은 자기들이 하는 일을 모르고 있습니다'(눅 23:24)

그렇다면 예수 그리스도께서 하나님이라는 사실을 입증할 수 있는 방법은 무엇일까요?

셋째는 예수 그리스도의 성품 때문입니다.

우리 예수님은 진정한 성품이 무엇인지를 보여주신 분입니다.

그분은 자기 연민이 아닌 이타심을, 연약함이 아닌 겸손을, 타인의 희생이 아닌 기쁨을, 방종이 아닌 친절을 실제로 보여주신 분입니다.

그러므로 그분의 대적들마저도 그분에게서 흠을 찾아낼 수 없었으며, 그를 아는 친구들은 그분은 죄가 없는 사람이라고 말했습니다.

그렇다면 예수 그리스도께서 하나님이라는 사실을 입증할 수 있는 방법은 무엇일까요?

넷째는 예수 그리스도께서 구약의 예언을 성취하셨기 때문입니다.

고대 세계에는 예언이라는 미래를 예측하는 여러 가지 다양한 수단들이 있었습니다. 그러나 희랍과 라틴의 문학 전반을 통틀어 보아도, 그들이 비록 예언자와 예언이라는 말을 사용했지만, 먼 미래에 이루어질 위대한 역사적인 사건에 대한 어떤 구체적인 예언도, 인류를 위해 올 구원자에 대한 예언도 찾아볼 수가 없었습니다.

이슬람교에서는 마호메트가 탄생하기 수백 년 전에 그가 올 것을 예언한 글귀를 찾아낼 수가 없습니다.

또한 세계의 모든 신흥종교의 창시자들도 그들이 나타날 것을 명확하게 예언하고 있는 고대의 문서를 정확하게 찾아내지 못했습니다.

그러나 예수님의 경우 구약성경의 300개가 넘는 모든 예언들이 모두 성취되었습니다. 심지어 그분은 구약성경에 예언된 말씀을 이루기 위해서 이렇게 행동하신다고 말하기 까지 하셨습니다. 그 중 29개의 중요한 예언들은 그분이 돌아가시던 날 하루에 다 성취되었습니다.

구약 성경에는 그분이 어떻게 죽으리라는 것과(사 53장) 그분이 묻힐 장소와 심지어 태어날 장소까지도(미 5:2) 예언되어 있었지만 모두 다 성취되었습니다.

그렇다면 예수 그리스도께서 하나님이라는 사실을 입증할 수 있는 방법은 무엇일까요?

다섯째는 예수 그리스도께서 죽음을 이기시고 부활하셨기 때문입니다.

예수님의 십자가 사건 후에 그분의 제자들과 그분을 따르던 무리들은 낙심과 공포에 사로잡혀 모두 헤어지고 말았습니다.

바로 그 때 예수님을 반대했던 사람들은 모두 승리를 자축하고 있었겠지만 십자가 사건 3일 후에 부활의 놀라운 기적이 일어나고 말았습니다. 예수님께서 죽은 자 가운데서 살아나셨기 때문입니다. 그 후 수 주일이 지난 뒤 한 때는 두려움에 사로잡혀 있었던 제자들이 그분의 부활을 목격하고 담대하게 부활의 복음을 전하기 시작했습니다.

예수님께서 죽은 자 가운데서 육체적으로 부활하신 사건은 기독교의 가장 중요한 기초가 되며, 이 부활의 사건은 역사의 모든 방향을 바꾸어 놓았습니다.

그렇다면 부활의 사건이 사실이라는 증거는 무엇일까요?
네 개의 증거가 있습니다.

첫째 증거는 빈 무덤입니다.
그분은 죽은 자 가운데서 부활하여 무덤에 계시지 않았습니다.
그러나 예수님께서 무덤에 묻히지 않았다고 주장하는 사람들이 있었습니다. 그들은 예수님께서 십자가 위에서 죽지 않았다고 주장하기도 합니다. 그래서 토레버 로이드 데이비스 박사는 예수님이 십자가에서 끌어내려졌을 때 아직 살아있었으며 나중에 회복되었다고 주장합니다.

그러나 예수님은 많은 사람들을 죽인 로마의 채찍 형을 당하셨으며, 십자가에 여섯 시간 동안 못 박혀 있었습니다. 사람이 이런 상황에서 한톤 반 정도 무게의 돌을 치울 수 있을까요? 병사들은 그가 죽었다고 분명히 확신하고 있었으며, 그렇지 않았다면 그의 시체를 끌어내렸을 리가 없습니다.

만약 그들이 죄수가 도망가도록 내버려 두었다면 그들은 마땅히 사형에 처해졌을 것입니다. 더구나, 병사들이 예수님이 이미 돌아가신 것을 발견했을 때, 한 군인이 창으로 예수님의 옆구리를 찔렀고, 그러자 곧 피와 물이 쏟아져 나왔습니다(요 19:34).

어떤 사람들은 제자들이 시체를 훔쳤다고 주장하기도 합니다.

그들은 제자들이 시체를 훔치고 예수님이 죽은 자 가운데서 살아나셨다는 소문을 퍼뜨렸다고 말하지만 무장한 로마의 군병들이 무덤을 지키고 있었기 때문에 불가능한 일입니다.

또한 제자들은 예수님이 돌아가시자 심리적으로 몹시 실망했고 낙담하고 있었습니다.

그러한 제자들이 시체를 훔쳤다는 것은 심리적으로 맞지 않습니다.

또한 제자들은 예수님의 부활 후에 부활을 증명하며 복음을 전하다가 채찍질과 고문과 어떤 제자들은 심지어 순교까지 당했습니다.

따라서 제자들이 부활하지 않은 거짓된 종교를 위해서 기꺼이 죽었다는 것은 논리에 맞지 않습니다.

또 어떤 사람들은 권력자들이 예수님의 시체를 훔쳤다고 말하는 사람들도 있습니다. 만약 권력자들이 예수님의 시체를 훔쳤다면, 예수가 죽은 자 가운데서 살아났다는 소문을 가라앉히려고 애를 쓸 때, 왜 시체를 내놓지 않았을까요?

따라서 예수님은 죽은 자 가운데서 다시 살아나셔서 부활하신 것이 사실입니다.

둘째 증거는 예수님이 부활하시어 제자들에게 나타나신 것입니다.

예수님께서 죽은 자 가운데서 살아나셔서 제자들에게 나타나셨습니다. 그러므로 많은 제자들이 부활하신 주님을 직접 만났습니다.

그렇게 많은 사람들이 환각에 빠져서 예수님을 보았다고 말했을까요? 옥스퍼드 사전에는 환각을 '실제로는 존재하지 않는 외부의 물체를 분명하게 지각하는 것'이라고 설명합니다. 따라서 환각은 보통 극도로 긴장하거나, 극도로 상상력이 풍부하거나, 몹시 신경질적인 사람, 또는 병을 앓고 있거나 마약을 복용한 사람에게 나타나지만 제자들은 이들 범주에 속하는 사람들이 아닙니다.

예수님은 부활하신 후에 6주에 걸쳐 11번이나 제자들에게 나타나셨습니다. 더구나 550명이 넘는 사람들이 부활하신 예수님을 목격했는데 550명이나 되는 제자들이 모두 같은 환각 상태에 빠질 수 있을까요? 더구나 부활하신 예수님은 만져질 수 있었고, 구운 물고기를 드셨고(눅 24:42-43), 한 번은 제자들을 위해 아침 식사를 준비하시기까지 했습니다. 예수님은 제자들과 긴 대화를 나누셨으며, 하나님의 나라에 대해 많은 것을 가르치셨습니다(행 1:3).

따라서 예수님은 죽은 자 가운데 부활하신 것이 진실입니다.

셋째 증거는 사회에 미친 즉각적인 영향 때문입니다.

예수님께서 죽은 자 가운데서 살아나신 부활 사건은 세상에 엄청난 충격을 주었습니다. 그 결과 교회가 탄생하여 엄청난 속도로 성장하였습니다.

이 부분에 대하여 마이클 그린은 "교회는 소수의 교육을 받지 못한 어부와 세리들로부터 시작하여 이후 삼백년 동안 그때까지 알려진 전 세계를 휩쓸었다. 그것은 역사상 전무후무한 평화적인 혁명에 관한 완벽할 만큼 경이로운 이야기다. 이 일은 크리스천들이 자신에게 질문을 던져오는 사람들을 향해 '예수님은 당신을 위해 단지 돌아가시기만 한 것이 아닙니다. 그는 살아 나셨습니다! 당신은 그를 만날 수 있으며 우리가 이야기하고 있는 그 실체를 직접 확인할 수도 있습니다'라고 말할 수 있었기 때문에 가능했다. 크리스천들은 이런 말들을 했고 교회에 참여했다. 그리고 교회는 부활절의 무덤에서 태어나 온누리에 퍼져나갔다."라고 말했습니다.

넷째 증거는 그리스도인의 경험입니다.

수백만이 넘는 셀 수 없는 많은 사람들이 오랜 세월을 걸쳐 부활하신 예수 그리스도를 경험하고 있습니다.

그들은 피부색, 민족, 종족, 대륙, 국적이 다른 사람들입니다.

또 그들은 각기 경제적으로, 사회적으로, 지적으로 다른 배경을 가지고 있습니다. 하지만 그들은 부활하신 예수 그리스도라는 공통의 경험으로 결속되어 있습니다. 전 세계 수백만의 그리스도인들은 오늘도 부활하신 예수 그리스도와 관계를 경험하고 있습니다.

그러므로 우리는 이제 다음과 같은 결론에 도달할 수 있습니다.

예수님이 자신에 대해 하신 말씀을 살펴보면 다음의 세 가지로 압축됩니다. 그분이 하나님의 아들이었으며, 지금도 하나님의 아들이든지,

아니면 미친 사람이었든지, 아니면 인류의 최대의 사기꾼이 되는 것입니다. 그러나 모든 증거를 살펴 볼 때, 그분이 미쳤다거나 사기꾼이었다는 것은 성립되지 않습니다. 오히려 무한하신 하나님이신 동시에 참된 인간이라는 결론에 도달할 수밖에 없습니다.

4. 당신은 이제 예수 그리스도를 당신의 구세주와 하나님으로 영접해야 합니다.

이것은 당신의 인생에서 가장 중요한 선택을 하는 것입니다. 당신은 인생에서 여러 가지 많은 것들을 선택해왔습니다. 친구들을 선택하고, 학업을 선택하고, 직업을 선택하고, 배우자를 선택했었습니다. 그러나 그 어떤 선택과도 비교할 수 없는 가장 중요한 선택이 예수 그리스도를 선택하는 것입니다.

당신이 오늘 이 자리에서 예수님을 구원자와 삶의 주인으로 모셔드리는 선택이야말로 가장 중요한 결정입니다.

이 결정은 당신의 삶을 새로운 차원의 삶으로 인도해줍니다.

이 결정은 당신의 미래를 행복한 삶으로 바뀌어 줍니다.

당신이 이 선택을 실패한다면 당신은 인생에서 가장 큰 실패를 하는 것입니다.

왜냐하면 당신은 천국과 영원한 생명을 잃어버리기 때문입니다.

그러나 당신이 이것을 성공한다면 당신은 인생에서 가장 큰 성공을 거두는 것입니다.

예수 그리스도를 구주와 삶의 주인으로 영접하는 것은 당신이 진실한 마음으로 영접할 때만 이루어집니다. 그 동안 하나님 없이 살아온 삶을 회개하고 앞으로 주님 뜻대로 살기 위해서 예수 그리스도를 당신의 마음 왕좌에 모셔 드리는 것입니다.

당신이 예수 그리스도를 마음속에 영접할 때 당신의 죄를 대속하시고 부활하여 살아계시는 예수 그리스도를 실제로 만나는 것입니다(계 3:20). 예수님을 당신의 삶의 주인으로 모시는 것입니다.

당신이 죄로부터 돌이키는 분명한 회개가 있어야 합니다.

그때 진정한 변화가 일어납니다.

당신이 예수님과 만나면 진정한 행복이 시작됩니다.

오직 예수 그리스도만이 당신의 죄를 용서하실 수 있습니다.

예수 그리스도만이 당신에게 참된 삶의 목적을 주십니다.

오직 예수 그리스도만이 당신에게 행복을 주실 수 있습니다.

그분은 행복의 창시자이십니다.

평화의 왕이신 예수 그리스도께서 당신의 마음에 오셔서 통치하시기 전까지 당신은 결코 행복할 수 없습니다.

예수 그리스도께서는 요한복음 14장 27절에서 이렇게 말씀하셨습니다. "행복을 너희에게 주노라 곧 나의 행복을 너희에게 주노라 내가 너희에게 주는 행복은 세상이 주는 행복이 아니다 너희는 마음에 근심도 말고 두려워하지도 말아라."

마태복음 11장 28절에서는 이렇게 말씀하셨습니다.

"수고하고 무거운 짐 진 자들아 다 내게로 오라 내가 너희를 쉬게 하리라"

「피난처」를 쓰신 코리 텐 붐은 말합니다.

"그리스도를 영접하는 것은 끝이 아니라 시작입니다. 그 다음 단계가 있는 것이지요. 우리는 그분을 우리의 구세주로 맞이해야 합니다. 그렇게 할 때, 그분은 우리 안에서 승리의 삶을 사십니다. 그분은 포도나무요, 우리는 가지이기 때문입니다. 나무에서 벗어난 가지는 아무 쓸모가 없습니다. 그러나 나무는 영원한 가치를 가지고 있습니다. 나무와 접목할 때 비로소 가지는 열매를 맺을 수 있습니다."

그러므로 예수님과의 만남을 지금 시작하십시오.

당신이 예수님을 만나야 혼자서 살아가는 것이 얼마나 끔찍한 일인지 깨달을 수 있습니다.

당신은 이제부터 예수님과 함께 인생을 살아가기로 결단해야 합니다. 그분은 오늘 당신을 초청하시며 이렇게 말씀하십니다.

"볼지어다 내가 문 밖에 서서 두드리노니 누구든지 내 음성을 듣고 문을 열면 내가 그에게로 들어가 그와 더불어 먹고 그는 나와 더불어 먹으리라"(계 3:20)

당신이 오늘 예수 그리스도를 만나면 행복한 삶이 오늘 시작되어 영원까지 지속될 수 있습니다. 당신은 예수님을 통해서 이 세상에서 행복한 삶을 즐길 수 있을 뿐 아니라 행복한 삶이 끝없이 지속되리라는 확신을 가질 수 있습니다.

이제 당신은 예수 그리스도의 음성을 듣고 그분을 당신의 구원자와 주인으로 영접해야 합니다.

당신의 마음 왕좌에 예수님이 들어오시도록

초청하는 기도를 드리십시오.

당신은 이렇게 기도할 수 있습니다.

"나는 참으로 성실하게 나의 구세주인 당신을 믿겠습니다. 나는 당신께서 2천년 전에 십자가 위에서 나의 모든 죄의 빚을 이미 다 갚아 주셨으며 당신을 믿으면 값없이 영생을 주신다는 사실을 깨달았습니다. 그러므로 이제 나는 내 모든 의심을 다 떨쳐 버리겠습니다. 이제 더 이상 나의 감각적인 어떤 체험을 믿으려 하지 않겠습니다. 바로 이 순간 이곳에서 나는 당신께서 나를 위하여 이루신 일, 약속하신 그 약속을 믿겠습니다. 당신을 나의 구세주로 영접하고, 나의 모든 죄를 다 용서하시고 나를 구원하시고 내게 영생을 주시는 당신의 말씀을 믿고 순종하겠습니다."

"나는 길을 잃은 불쌍한 죄인입니다. 나는 당신께서 나 같은 불쌍한 죄인을 구원하시기 위하여 죽으신 것을 믿습니다. 당신께서 이미 나의 죄를 용서하셨으며 구원하신 것을 믿고 당신의 말씀을 순종하고 받아드리겠습니다. 바로 이 순간 나의 모든 죄를 용서하실 것을 믿습니다. 내가 당신을 의뢰하고 당신을 나의 구세주로 영접합니다. 당신께 내 마음을 영원히 드립니다. 당신의 은혜로 당신이 나의 구세주 되심과 이제 남은 일생을 당신을 위한 생애로 살아갈 것을 오늘 이 시간, 당신께 엄숙히 서약합니다."

CHAPTER 8

영원한 생명을 얻을 수 있기 때문입니다

왜 하나님을 믿어야 하나요?

당신이 하나님을 믿어야 영생을 얻고,

영원히 행복하게 오래살 수 있기 때문입니다.

미래학자 존 나이스비트는 "인간의 삶은 죽음을 향한 인간의 활동이며, 죽을 수밖에 없는 인간이 추구하는 환상이며, 가치이며, 그리고 행동거지"라고 했습니다.

그러므로 인간은 동서고금을 막론하고 영원한 삶을 소망합니다.

성경은 영생에 관련하여 다양하게 말씀하고 있습니다.

첫째로 성경의 기록목적은 영생을 얻도록 기록되었습니다.

요한복음 20장 31절에 의하면 성서의 기록목적은 하나님의 아들 예수가 우리를 죄에서 구원하는 구세주라는 사실을 믿고 그 예수의 이름을 힘입어 영생을 얻게 하려는 것이라고 사도요한을 밝히고 있습니다.

"오직 이것을 기록함은 너희로 예수께서 하나님의 아들 그리스도이심을 믿게 하려 함이요 또 너희로 믿고 그 이름을 힘입어 생명을 얻게 하려 함이니라"(요 20:31)

왜 우리가 영생을 얻으려면 예수님의 이름을 힘입어야 합니까?

마태복음 1장 21절에 의하면 예수님의 이름의 뜻이 나오는데,

그 뜻은 죄에서 구원할 자 즉 구세주라는 말입니다.

그래서 사도행전 4장 12절에 의하면

예수님 외에 다른 구세주를 주신 사실이 없다고 말씀하고 있습니다.

둘째로 성경의 주제도 영생을 얻는 것입니다.

요한복음 5장 39절에 의하면 성경을 연구하는 목적을 영생을 얻는 줄 생각하고 성경을 열심히 연구하는 것이라고 말씀하고 있습니다.

그래서 성경은 영생을 얻는 주제에 대하여 기록된 책입니다.

"너희가 성경에서 영생을 얻는 줄 생각하고 성경을 연구하거니와 이 성경이 곧 내게 대하여 증언하는 것이니라"(요 5:39)

여기서 성경의 주인공을 예수님이십니다.

예수님이 직접

이 성경이 내게 대하여 증거한 책이라고 밝히고 있기 때문입니다.

우리는 주인공 하면 생각나는 것이 있습니다.

그것은 영화나 연극에서 주인공이 어떤 주제에 대하여 연기를 하는 것입니다. 예수님도 성경의 주인공으로서 성경이라는 무대에서 영생 얻는 주제에 대하여 연기를 하신 것입니다.

그런데 사람들은 그 연극을 보기 위하여 잘 오지 않고 있습니다.

그래서 예수님은 요한복음 5장 40절에서 "너희가 영생을 얻기 위하여 내게 오지 않는다"고 말씀하고 있습니다.

셋째로 하나님 아버지의 뜻은 우리가 영생을 얻는 것입니다.

마태복음 7장 21절에 의하면 예수님을 향해 "주여, 주여!"라고 부른다고 해서 다 천국에 들어가는 것이 아니라 다만 하나님 아버지 뜻대로 행하는 자라야 들어갈 수 있다고 말하고 있습니다.

그러면 여기서 하나님 아버지의 뜻은 무엇입니까?

하나님의 뜻은 두 가지가 있습니다.

첫재로 성도를 향한 하나님 아버지의 뜻과

둘째로 불신자를 향한 하나님의 뜻이 있습니다.

성도를 향한 하나님 아버지의 뜻은 항상 기뻐하고 ,

늘 기도에 힘쓰며, 크고 작은 모든 일에 감사하는 것입니다.

"항상 기뻐하라 쉬지 말고 기도하라 범사에 감사하라 이것이 그리스도 예수 안에서 너희를 향하신 하나님의 뜻이니라" (살전 5:16-18)

그렇다면 하나님을 믿지 않는 불신자가

항상 기뻐하고 범사에 감사할 수 있을까요?

결코 그렇게 할 수 없습니다.

그러나 그리스도인들은 하나님이 주시는 능력으로 그렇게 기뻐하고 감사할 수 있습니다.

그 다음 요한복음 6장 40절에서 불신자를 향한 하나님 아버지의 뜻이 무엇인지 말씀하고 있습니다.

"내 아버지의 뜻은 아들을 보고 믿는 자마다 영생을 얻는 이것이니"
그러므로 불신자를 향한 하나님 아버지의 뜻은 오직 한 가지 예수 믿고 영생을 얻는 것입니다.

그리고 이 영생은 하나님이 아주 오래 전부터 인간에게 약속하신 것입니다.

"영생의 소망을 위함이라 이 영생은 거짓이 없으신 하나님이 영원 전부터 약속하신 것인데"(딛 1:2)

또한 하나님의 은혜가 이루어 주는 것이 영생입니다.

"은혜도 또한 의로 말미암아 왕 노릇 하여 우리 주 예수 그리스도로 말미암아 영생에 이르게 하려 함이라"(롬 5:21)

우리가 죄에서 해방되면 그 마지막은 영생에 이르는 것입니다.

"그러나 이제는 너희가 죄로부터 해방되고 하나님께 종이 되어 거룩함에 이르는 열매를 맺었으니 그 마지막은 영생이라"(롬 6:22)

의인들은 이 영생에 들어가고 악인들은 영벌에 들어갑니다.

"그들은 영벌에, 의인들은 영생에 들어가리라 하시니라"(마 25:46)

그리고 예수님의 제자 베드로는 예수님에게는 영생의 말씀이 있어서 예수님을 떠나지 않겠다고 말합니다.

"시몬 베드로가 대답하되 주여 영생의 말씀이 주께 있사오니 우리가 누구에게로 가오리이까"(요 6:68)

넷째로 하나님이 자신의 아들 예수님을 이 땅에 보내신 목적은 예수님을 믿는 사람이 영생을 얻는 것입니다.

하나님이 하나밖에 없는 자신의 아들을 이 땅에 보내신 것은 세상 사람들을 구원하기 위해서 보냈습니다,

"하나님이 그 아들을 세상에 보내신 것은 세상을 심판하려 하심이

아니요 그로 말미암아 세상이 구원을 받게 하려 하심이라"(요 3:17)

그러므로 우리가 하나님이 보내주신 예수님을 믿으면 지옥에서 멸망을 당하지 말고 영생을 얻고 천국에 가게 됩니다.

"하나님이 세상을 이처럼 사랑하사 독생자를 주셨으니 이는 그를 믿는 자마다 멸망하지 않고 영생을 얻게 하려 하심이라"(요 3:16)

그래서 우리는 예수님을 믿어야합니다.

다섯째로 예수님이 이 땅에 오신 목적은 하나님을 믿는 우리에게 영생을 주기 위함입니다. 예수님은 자신이 세상에 오신 목적을 도적이 오는 목적과 비교하시면서 도적이 오는 목적은 양에게 해를 끼치고 죽이려는 것이지만, 예수님은 목적이 없이 방황하고 있는 양 같은 우리 인간에게 영생을 주고 그 영생을 통하여 풍성한 삶을 이루어 주려고 오셨다고 말씀하십니다.

"도둑이 오는 것은 도둑질하고 죽이고 멸망시키려는 것뿐이요 내가 온 것은 양으로 생명을 얻게 하고 더 풍성히 얻게 하려는 것이라"(요 10:10)

1. 영생이란 무엇입니까?

永生(영생)이란 한문으로는 긴 삶이라는 뜻입니다.

영생이란 영원한 생명의 준말입니다.

곧 영원히 죽지 않고 오래 사는 생명입니다.

그러면 시간적으로만 오래 산다는 의미일까요?

그것은 아닙니다. 왜냐하면 예수 믿지 않는 사람도 지옥에서 영원히 오래 살기 때문입니다. 마태복음 25장 46절에 "저희는 영원한 형벌에 의인들은 영생에 들어가리라"고 말씀하고 있습니다.

그래서 영생은 시간적인 의미와 함께 질적인 의미를 포함해야 합니다. 영원히 오래 살긴 하되 질적으로 행복하게 풍성하게 오래 사는 것입니다. 그러므로 영생은 이 땅에서는 실컷 고생하다가 천국에 가서야 행복하게 산다는 것을 의미하지 않습니다.

오늘이라도 영생을 얻으면 영생을 얻는 순간부터 만족한 삶, 풍성한 삶, 행복한 삶이 이루어지는 것입니다. 이 땅에서도 기쁘게 살고 천국에서도 기쁘게 살아갈 수 있는 것이 영생입니다. 물론 천국에서 사는 것에 비교될 수는 없겠지만 분명히 이 땅에서도 기쁘게 살아갈 수 있는 생명입니다.

우리는 그 무한한 영생을 다 표현할 수 없습니다.

진정으로 그 무한한 영생을 인간의 용어로는 다 표현할 수 없습니다. 이 영생은 하나님 자신의 생명입니다. 사도 바울은 하나님을 이렇게 표현했습니다.

"오직 그에게만 죽지 아니함이 있고 가까이 가지 못할 빛에 거하시고 어떤 사람도 보지 못하였고 또 볼 수 없는 이시니 그에게 존귀와 영원한 권능을 돌릴지어다"(딤전 6:16)

2. 영생을 소유하는 방법은 무엇일까요?

예수님 자신이 영생이십니다. 그 예수님을 소유하면 나는 영생을 소유한 것입니다. 사도 요한은 이렇게 말합니다.

"영생은 곧 유일하신 참 하나님과 그가 보내신 자 예수 그리스도를 아는 것이니이다"(요 17:3)

하나님을 또 그의 보내신 자 예수 그리스도를 아는 이 사실이 곧 영생이라고 가르칩니다. 또한 "또 아는 것은 하나님의 아들이 이르러 우리에게 지각을 주사 우리로 참된 자를 알게 하신 것과 또한 우리가 참된 자 곧 그의 아들 예수 그리스도 안에 있는 것이니 그는 참 하나님이시요 영생이시라"(요일 5:20)라고 말씀하고 있습니다.

그래서 그 예수님을 받아드리면 되는 것입니다.

믿음이란 가장 쉬운 말로는 받아 드리는 것입니다.

예수님을 받아 드리되 예수님이 십자가 위에서 이루어 놓은 사실까지 받아 드리는 것입니다. 근본적으로 영생은 예수님의 생명이요 예수님에게 속한 것입니다. 그러므로 예수님을 진실로 만나면 또 그 예수님을 마음 중심에 모시면 영생을 소유할 수 있습니다.

그래서 요한일서 5장 11-12절에 예수님이 있는 자는 영생이 있고 그 마음속에 예수가 없는 자는 영생이 없다고 말합니다.

"또 증거는 이것이니 하나님이 우리에게 영생을 주신 것과 이 생명이 그의 아들 안에 있는 그것이니라 아들이 있는 자에게는 생명이 있고 하나님의 아들이 없는 자에게는 생명이 없느니라"(요일 5:11-12)

그렇다면 당신에게는 예수님이 계십니까?

또한 하나님은 이 영생을 어떤 노력의 대가로 주시는 것이 아니라 하나님의 선물로 주십니다. 그래서 이 영생은 하나님의 선물인 영생입니다. 그래서 로마서 6장 23절에 "하나님의 은사는 그리스도 예수 우리 주 안에 있는 영생이니라"(롬 6:23)라고 말합니다.

여기에서 은사란 높은 분이 주시는 선물을 말합니다. 하나님같이 높으신 분이 우리 인간에게 영생을 선물로 주시는 것입니다.

3. 영생을 소유한 것을 우리가 알 수 있을까요?

잘못된 견해로는 사람은 모르고 하나님만 아신다고 말합니다.

또는 특별한 사람만 안다고 말합니다.

목사나 특별한 은사나 계시를 받은 사람만 알 수 있다고 말합니다.

어떤 사람은 살아있을 때는 모르고 죽어보아야 안다고 말합니다.

모두 그럴듯하게 보이지만 진실이 아닙니다.

성경은 이 부분에 대해서 무엇이라 말하고 있습니까?

성경은 우리가 바른 믿음과 성경적인 믿음을 가지고 있다면

영생을 얻는 것을 알 수 있다고 가르쳐 줍니다.

요한일서 5장 13절에서 바른 믿음을 가지고 있는 자는 영생을 가지고 있다는 사실을 알려주기 위해서 성경을 기록했다고 말씀하고 있습니다. "내가 하나님의 아들의 이름을 믿는 너희에게 이것을 쓰는 것은 너희

로 하여금 너희에게 영생이 있음을 알게 하려 함이라"(요일 5:13)

4. 믿는 자는 무엇을 가지고 있을까요?

예수님께서는 요한복음 6장 47절에서 믿는 자는 영생을 가졌다고 말씀하셨습니다. "진실로 진실로 너희에게 이르노니 믿는 자는 영생을 가졌나니"(요 6:47)

여기서 앞으로 영생을 가질 것이라고 말하지 않고 이미 "가졌나니"라고 분명하게 말씀하셨습니다. 요한복음 3장 36절에서도 믿는 자는 영생이 있다고 말하였고, 요한복음 5장 24절에서는 말씀을 듣고 믿는 자는 영생을 얻었고 심판에 이르지 않는다고 말했습니다.

"아들을 믿는 자에게는 영생이 있고 아들에게 순종하지 아니하는 자는 영생을 보지 못하고 도리어 하나님의 진노가 그 위에 머물러 있느니라, 내가 진실로 진실로 너희에게 이르노니 내 말을 듣고 또 나 보내신 이를 믿는 자는 영생을 얻었고 심판에 이르지 아니하나니 사망에서 생명으로 옮겼느니라"(요 3:36, 5:24)

그런데 '영생을 얻었다'는 이 말은 헬라어 시제로 보면 현재시제로서 "영생을 가지고 있고"라는 의미입니다. 그래서 믿는 자는 영생을 가지고 있습니다.

하나님을 왜 믿어야 하나요?

하나님을 믿으면 영생을 얻을 수 있기 때문입니다.

CHAPTER 9

죄 문제를 해결할 수 있기 때문입니다

왜 하나님을 믿어야 하나요?

하나님을 믿으면 우리의 죄 문제를 해결할 수 있기 때문입니다.

세상의 그 어떤 종교나 방법으로 해결할 수 없는 우리의 죄의 문제를 예수님이 단번에, 순간에 다 해결하셨습니다.

지혜의 하나님은 인간의 죄 문제를 예수님을 통해서 단번에 해결하셨습니다. 우리의 죄 문제에 대한 유일한 해결책은 죄 없는 분이 하나님 앞에서 인간을 대신해서 죽어야 합니다.

죄 없는 분이 인간의 정죄와 심판과 죽음을 대신 담당해야 합니다.

하지만 이 세상에 죄 없는 사람이 있을까요?

이 지구상에는 죄 없는 사람은 아무도 없습니다.

성경은 모든 사람이 다 죄인이라고 선언했기 때문입니다.

하지만 가능성은 단 하나밖에 없습니다.

자기 자신의 몸에 온 인류의 죄를 다 짊어지실만한 분은 온 우주 안에 하나님의 아들 예수님 외에는 아무도 없습니다. 하나님의 아들만이 무한하신 중보자로서 모든 사람을 대신해서 단번에 죽을 수가 있습니다.

그분이 죄의 문제를 단번에 해결하기 위해 이 세상에 오셨습니다.

다음 구절의 강조 속으로 들어가 보십시오.

"미쁘다 모든 사람이 받을 만한 이 말이여 그리스도 예수께서 죄인을 구원하시려고 세상에 임하셨다 하였도다 죄인 중에 내가 괴수니라"(딤전 1:15)

예수님은 죄인인 우리를 구원하시기 위해서 오셨습니다.

여기서 사도 바울이 사용한 '미쁘다'는 말은

'믿음직하다, 아름답다, 확실하다, 신빙성 있다'는 뜻입니다.

그러면 어떤 말이 그렇게 믿음직하고, 확실하고, 신빙성 있을까요? '예수님이 죄인을 구원하시려고 세상에 임하셨다'는 말입니다.

이 말씀이 왜 그렇게 믿음직스러울까요?

이 말씀의 반대개념을 생각해보십시오.

만약 예수님이 하늘나라에서 이 땅에 오셔서 잘난 사람과 부자와 착한 일을 많이 한 사람과 외모가 잘 생긴 사람과 키가 큰 사람과 건강한 사람 등 어떤 조건을 갖춘 사람들만 데려가기 위해서 오셨다면 누가 과연 천국에 갈 수 있을까요?

그러나 '예수님은 죄인들을 구원하기 위해서 세상에 임하셨으니' 그 말이 그렇게 믿음직스럽고 확실하게 느껴지는 것입니다.

1. 우리의 죄의 문제는 예수님을 통해서 해결할 수 있습니다.

이사야는 이 점을 명확하게 말합니다.

"우리는 다 양 같아서 그릇 행하여 각기 제 길로 갔거늘 여호와께서는 우리 모두의 죄악을 그에게 담당시키셨도다"(사 53:6)

하나님은 우리의 죄를 예수님에게 담당하게 하시므로 우리의 죄를 단번에 해결하셨습니다. 예수님이 십자가에 죽으심으로 하나님의 공의와 사랑이 완전히 충족되었습니다. 죄는 반드시 벌해야 하지만 하나님은 자신의 아들을 보내서 우리가 받아 마땅한 사망의 형벌을 우리 대신 받게 하셨습니다.

예수님은 십자가 위에서 이렇게 외치셨습니다.

"제구시쯤에 예수께서 크게 소리 질러 이르시되 엘리 엘리 라마 사박다니 하시니 이는 곧 나의 하나님, 나의 하나님, 어찌하여 나를 버리셨나이까 하는 뜻이라"(마 27:46)

그분이 우리를 위해 자신의 아버지로부터 버림을 당하시고 끊어지셨습니다. 우리의 죄에 대한 형벌은 모두 예수님이 받으셨습니다.

그러므로 우리는 예수님이 이 땅에 오신 이유를 알아야 합니다.

첫째, 예수님은 죄를 없이하려고 오셨습니다.

사도 요한의 말에 귀 기울려보십시오.

"그가 우리 죄를 없애려고 나타나신 것을 너희가 아나니 그에게는 죄가 없느니라"(요일 3:5)

누가 과연 우리의 죄를 해결하시기 위해서 적합한 분일까요?

죄가 없어야 합니다.

그런데 우리 예수님은 죄가 없는 분입니다.

그분은 이 세상에서 죄 없는 생애를 사셨기 때문입니다.

하지만 그분은 죄를 짓도록 시험은 받으셨습니다.

성경은 이 점을 명확하게 말합니다.

"우리에게 있는 대제사장은 우리의 연약함을 동정하지 못하실 이가 아니요 모든 일에 우리와 똑같이 시험을 받으신 이로되 죄는 없으시니라"(히 4:15)

예수님의 반대자들도 예수님에게서 죄를 찾지 못했기 때문에 예수님은 당당하게 그들에게 도전하셨습니다.

"너희 중에 누가 나를 죄로 책잡겠느냐 내가 진리를 말하는데도 어찌하여 나를 믿지 아니하느냐"(요 8:46)

따라서 죄가 없으신 예수님이 우리의 죄를 없이하려고 오셨습니다.

둘째, 예수님은 하나님의 뜻을 행하러 오셨습니다.

하나님의 뜻이 과연 무엇일까요?

인간이 자기 노력으로 해결하지 못하는 죄의 문제를

단번에 해결하는 것이 하나님의 뜻입니다.

다음 구절에 담긴 하나님의 메시지에 귀 기울려보십시오.

"이에 내가 말하기를 하나님이여 보시옵소서 두루마리 책에 나를 가리켜 기록된 것과 같이 하나님의 뜻을 행하러 왔나이다 하셨느니라, 그 후에 말씀하시기를 보시옵소서 내가 하나님의 뜻을 행하러 왔나이다 하셨으니 그 첫째 것을 폐하심은 둘째 것을 세우려 하심이라 이 뜻을 따라 예수 그리스도의 몸을 단번에 드리심으로 말미암아 우리가 거룩함을 얻

었노라”(히 10:7, 9-10)

여기서 히브리서 기자는 예수님이 하나님의 뜻을 행하기 위해서 오셨다고 소개합니다. 하나님의 뜻은 예수님이 온 인류의 죄를 십자가 사건을 통하여 단번에 해결하시는 것입니다.

그분은 하나님의 뜻대로 십자가에서 단번에 죽으심으로 말미암아 우리의 죄의 값을 다 지불하셨기 때문에 우리는 거룩함을 얻었고, 죄의 문제는 이제 끝났습니다. 죄의 문제가 이미 끝났기 때문에 그분은 이제 쉬고 계십니다.

마치 하나님이 창세기 1장에서 6일 동안 창조사역을 마치시고 7일째 되는 날에 쉬신 것처럼 예수님도 구속사역을 끝마치셨기 때문에 하늘나라 우편보좌에서 쉬고 계십니다.

성경은 이 점을 명확하게 말합니다.

“오직 그리스도는 죄를 위하여 한 영원한 제사를 드리시고 하나님 우편에 앉으사”(히 10:12)

여기서 ‘앉아 계신다’는 표현이 바로 ‘쉰다’는 표현입니다.

또한 여기 ‘한 영원한 제사’는 한 번에 끝내버리는 영원한 제사를 지칭합니다. 구약에서는 인간의 죄를 용서받기 위해서 아무리 제사를 많이 드려도 그 제사를 통해서는 완전하게 죄의 문제를 끝내지 못하기 때문에 성소 안에서 앉을 수가 없습니다. 그래서 제사를 지내는 성소 안에는 절대로 의자가 없는데 죄의 문제를 끝낼 수 없기 때문입니다.

하지만 예수님은 죄의 문제를 단번에 해결하시고 끝냈기 때문에 앉아 쉬고 계십니다. 그래서 히브리서 10장 11절과 10장 12절을 비교해보면 재미있는 사실을 발견할 수 있습니다.

먼저 11절을 읽어보십시오.

"제사장마다 매일 서서 섬기며 자주 같은 제사를 드리되 이 제사는 언제나 죄를 없게 하지 못하거니와"(히 10:11)

여기 11절은 매일 제사를 드리고, 자주 제사를 드리고,

제사 드리는 사람은 서 있습니다.

그러나 결국 이 제사는 죄를 완벽하게 해결하지 못합니다.

그러나 12절을 다릅니다.

"오직 그리스도는 죄를 위하여 한 영원한 제사를 드리시고 하나님 우편에 앉으사" (히 10:12)

여기서 예수님은 죄 문제를 단번에 끝내버리는 영원한 제사를 드리시고, 하나님 우편에 앉아 쉬고 계십니다.

"그가 거룩하게 된 자들을 한 번의 제사로 영원히 온전하게 하셨느니라"(히 10:14)

이제 예수님은 자신의 한 제물로

죄의 문제를 영원히 온전하게 다 해결하셨습니다.

이제 완전하게 끝났기 때문에 다시는 제사를 드릴 필요도 없습니다.

이 얼마나 놀라운 선언입니까?

"이것들을 사하셨은 즉 다시 죄를 위하여 제사 드릴 것이 없느니라"(히 10:18)

셋째, 예수님은 마귀의 일을 멸하려 오셨습니다.

“죄를 짓는 자는 마귀에게 속하나니 마귀는 처음부터 범죄함이라 하나님의 아들이 나타나신 것은 마귀의 일을 멸하려 하심이라”(요일 3:8)

여기서 ‘마귀의 일’은 우리를 속여서 죄를 범하게 만들고, 복음을 믿지 못하게 만들어서 결국 지옥으로 우리를 데려가는 것입니다.

성경은 이 점을 명확하게 말씀합니다.

“만일 우리의 복음이 가리었으면 망하는 자들에게 가리어진 것이라 그 중에 이 세상의 신이 믿지 아니하는 자들의 마음을 혼미하게 하여 그리스도의 영광의 복음의 광채가 비치지 못하게 함이니 그리스도는 하나님의 형상이니라”(고후 4:3-4)

이 말씀에서 ‘혼미’란 어리둥절하여 복음을 알아보지 못하게 하는 것입니다. 예수님은 이러한 마귀의 일을 멸하고 우리를 천국으로 데려가기 위해서 오셨습니다.

넷째, 예수님은 잃은 자를 찾아 구원하기 위해서 오셨습니다.

예수님은 잃어버린 영혼인 삭개오를 구원하시고

분명하게 말씀하셨습니다.

“인자가 온 것은 잃어버린 자를 찾아 구원하려 함이니라”(눅 19:10)

모든 사람이 잃어버린 존재라는 의미가 무엇일까요?

모든 인간은 하나님의 창조사역을 통하여 이 세상에 존재하게 되었기 때문에 하나님은 모든 인류의 아버지이십니다. 성경에 보면 족보이야기가 나오는데 누가복음은 그 족보의 끝이 하나님에게까지 올라갑니다.

누가복음 3장 23-38절에 나오는 족보이야기를 보십시오.

"그 위는 에노스요 그 위는 셋이요 그 위는 아담이요 그 위는 하나님 이시니라"(눅 3:38)

결국 하나님이 존재하시지 않았다면 인류는 이 세상에 존재할 수 없었습니다. 어떻게 보면 하나님 아버지는 모든 인류를 낳아준 아버지 이십니다.

하지만 이 세상의 모든 사람들은 하나님 아버지를 몰라보고 하나님의 품을 떠나 자기 맘대로 살고 있기 때문에 잃어버린 존재가 되었습니다. 그러므로 우리 예수님은 잃어버린 인간들을 찾아 구원하시기 위해서 이 세상에 오셨습니다.

이제 우리의 죄의 문제는 예수님께서 다 해결하셨기 때문에 우리는 이것을 단지 믿음으로 받아드리면 구원을 받고 하나님의 자녀가 됩니다.

2. 우리의 죄의 값은 이미 다 지불되었습니다.

예수께서 숨을 거두시기 직전에 '다 이루었다'고 외치셨습니다.

"예수께서 신 포도주를 받으신 후에 이르시되 다 이루었다 하시고 머리를 숙이니 영혼이 떠나가시니라"(요 19:30)

그분이 십자가 위에서 죽어 가시면서 외치셨던 그 한 마디는 참으로 의미 있는 선포였습니다. 그분은 이 한 마디를 통해서 유한한 인간으로서는 거의 이해할 수 없는 큰 성취를 이루셨습니다.

십자가에 못 박혀 죽으심으로써, 자신의 피와 물을 다 쏟으시고 희생하심으로써 그분은 온 인류의 모든 죄의 값을 다 지불하셨습니다.

예수님께서는 이 세상의 모든 죄를 위해서 돌아가셨습니다.

그분은 아담으로부터 시작하여 앞으로 태어날 인류의 마지막 사람까지 모든 사람의 모든 죄의 값을 다 지불하셨습니다. '다 이루었다'는 외침은 패배의 울부짖음 '나는 망했다'가 아니라 승리의 외침 '나는 완성했다'는 외침입니다. 예수님께서 이 외침을 통해서 인간의 구원을 위한 하나님의 영원하신 계획이 인간의 시간 역사 속에서 영원히 실행되었다는 것을 선포하셨습니다.

그분의 죽으심을 통해서

당신의 죄는 하나님의 등 뒤로 던져졌습니다.

당신의 죄는 깊은 바다에 매장되었습니다.

당신의 모든 죄는 동쪽 끝에서 서쪽 끝으로 멀리 옮겨졌습니다.

당신의 죄는 빽빽한 구름의 사라짐같이 다 사라져 버렸습니다.

그분은 당신의 죄라는 엄청난 빚을 단번에 청산하셨습니다.

우리는 1998년 IMF시대를 만났을 때, 빚을 지는 것이 얼마나 심각한 일인가를 절감할 수 있었습니다. 금 모으기 운동도 조금이나마 외채를 갚기 위해서였습니다. 나라 적으로 빚을 지는 외채도 심각하지만 개인이 엄청난 빚을 지고 파산하는 경우가 허다했습니다.

많은 사람들은 빚을 갚기 위해서 큰 범죄를 저지르는 경우도 있었습니다. 한나리 양 유괴범도 원인은 카드빚이라고 하며, 새마을 금고 강도도 카드 빚 때문에 강도로 돌변한 것이었습니다. 아주 적은 빚이라도 사채업자들은 그 빚을 받아내기 위해서 사람들을 괴롭혀서 겨우 몇 백만 원의 빛을 지고 그것을 갚지 못해 자살을 하는 경우도 있었습니다.

또한 빚보증을 섰다가 낭패를 보는 경우도 많았습니다.

법원에 개인 파산을 신청한 한 여자는 평생 벌어도 갚을 수 없는 엄청난 액수의 빚을 졌기 때문에 파산신청을 했습니다.

이와 같은 빚 때문에 자살한 사람들이 한 두 사람이 아니었습니다.

그런데 빚을 탕감 받을 기쁜 소식을 한 번 생각해 보십시오.

어떤 여자가 엄청난 빛을 지고 있었습니다.

그녀는 평생을 벌어도 갚을 수 없는 엄청난 빚을 지고 있었습니다. 그러나 다행스럽게도 그러한 여자를 사랑하는 한 남자가 있었습니다. 그 남자는 자신이 사랑하는 그녀가 빛 때문에 고통을 당하는 것을 알게 되었습니다. 그 남자는 그녀를 진실로 사랑하기 때문에 순수한 동기로 빚을 갚아 주었습니다. 그리고 청혼을 합니다. 그 여인은 그 청혼을 받아 드리고 빚을 갚아 준 사실을 기쁜 마음으로 받아 드리기만 하면 됩니다.

마찬가지로 예수께서 우리를 사랑하시기 때문에 우리가 일평생 노력을 해도 갚을 수 없는 엄청난 죄의 빚을 십자가 위에서 단번에 대신 갚아 주셨습니다.

성경은 이 점을 분명하게 말씀합니다.

"그리스도께서도 단번에 죄를 위하여 죽으사 의인으로서 불의한 자를 대신하셨으니 이는 우리를 하나님 앞으로 인도하려 하심이라 육체로는 죽임을 당하시고 영으로는 살리심을 받으셨으니"(벧전 3:18)

예수님께서 우리를 사랑하셔서 우리의 모든 죄의 빚을 대신 갚아 주셨습니다. 그분이 우리를 사랑하셔서 우리의 모든 죄의 빚을 갚아 주셨기 때문에 이제 우리는 그 사실을 진심으로 믿기만 하면 죄의 대가로 지옥에 들어갈 이유가 없습니다.

우리의 죄의 값이 이미 지불된 것이 사실이며 진리입니다.

예수님이 우리의 모든 죄의 빚을 지불하시기 위해서 십자가에서 피 흘려 죽으시고 다시 살아난 사실을 진심으로 믿으면 우리도 모든 죄에서 해방될 수 있습니다. 예수님께서 우리가 지금까지 지은 죄만 지불하신 것이 아니라 과거, 현재, 미래의 모든 죄의 값을 단번에 다 지불하셨습니다.

그러나 그 사실을 믿지 않으면 아무런 소용이 없습니다.

오직 믿기만 하면 우리가 더 이상 죄인이 아니라

오히려 의인으로 인정해 주십니다.

하나님의 자녀로 인정해 주십니다.

그 조건은 믿음과 회개입니다.

당신이 하늘나라에 들어가는 것은 당신이 죄를 얼마나 많이 지었느냐, 아니면 죄를 짓지 않았느냐에 달려 있는 것이 아니라 예수님이 당신을 대신해서 죄의 값을 다 지불하셨다는 사실을 믿고, 회개하고, 이 기쁜 소식을 진정으로 받아 드렸느냐, 거부했느냐에 달려 있습니다.

성경은 명확하게 말씀합니다.

"그를 믿는 자는 심판을 받지 아니하는 것이요 믿지 아니하는 자는 하나님의 독생자의 이름을 믿지 아니하므로 벌써 심판을 받은 것이니라"(요 3:18)

결국 믿음은 곧 하늘나라요, 불신은 지옥입니다.

하나님은 다른 것을 보시는 것이 아니라 당신의 믿음을 보시기 때문에 믿음과 불신의 결과는 이처럼 엄청난 차이가 있습니다.

3. 우리의 죄 문제를 속량을 통하여 해결합니다.

우리가 구원을 받으려면 속량이 무엇인지 반드시 알아야 합니다.

우리의 죄의 문제를 해결하고 의인이 되는 비결이 무엇일까요?

예수 안에 있는 속량이 바로 비결입니다.

예수 안에 있는 속량을 통해서 의롭다 하심을 얻기 때문입니다.

사도 바울은 로마서에서 의인되는 비결을 소개하면서

속량이라는 용어를 사용하고 있습니다.

"그리스도 예수 안에 있는 속량으로 말미암아 하나님의 은혜로 값 없이 의롭다 하심을 얻은 자 되었느니라"(롬 3:24)

예수님께서 우리의 모든 죄를 해결하시기 위해서 자신의 목숨을 희생 제물로 주심으로 우리를 속량하셨습니다.

속량이란 대가를 지불하심으로써 얻는 자유를 의미합니다.

속량이란 단어 속에는 매매의 개념이 내포되어 있습니다.

속량이란 노예시장에서 노예 매매와 관련하여 사용되었습니다.

예수님은 매매의 대가로 자신의 피를 지불하셨습니다.

따라서 구원받은 우리는

더 이상 죄와 마귀 사탄의 속박 아래서 노예로 살지 않습니다.

예수님의 무죄하신 생애는 그분이 죄를 담당하실 만한 충분한 자격이 있으신 분임을 보여주십니다. 그분은 하나님의 손상된 의의 요구를 만족시키기 위해 죽으셨습니다. 그분은 죄인의 위치에서 죽으셨습니다.

구약에서의 속량은 피를 통한 하나님의 속죄 방법을 강조합니다.

신약에서는 그 속량이 미치는 영향이나 결과를 강조합니다.

속량의 몇 가지 정의를 살펴보십시오.

속량은 손해를 입힌 대가로서의 배상입니다.

속량은 구원 얻을 만한 가치 없는 죄인들을 다시 하나님의 가족으로 흠 없고 점 없이 완전하게 받아드려지게 하기 위해서 하나님의 독생자 예수님께서 죽음과 피를 흘려주신 것입니다.

속량은 하나님과 사람사이를 갈라놓았던 죄에 대한 보상으로 그리스도의 고난과 죽음과 피 흘림입니다.

속량은 우리가 마귀와 죄에 얽매여 지옥에 들어갈 운명에 처해 있는데 그리스도께서 자신의 죽음과 피를 흘려주서서 우리를 해방시켜서 자유를 주신 것입니다.

"우리는 그리스도 안에서 그의 은혜의 풍성함을 따라 그의 피로 말미암아 속량 곧 죄 사함을 받았느니라, 또 충성된 증인으로 죽은 자들 가운데에서 먼저 나시고 땅의 임금들의 머리가 되신 예수 그리스도로 말미암아 은혜와 평강이 너희에게 있기를 원하노라 우리를 사랑하사 그의 피로 우리 죄에서 우리를 해방하시고"(엡 1:7, 계 1:5)

요한계시록은 인봉한 책이 나오는데 그 인을 떼기에 합당한 예수님을 소개합니다.

"그들이 새 노래를 불러 이르되 두루마리를 가지시고 그 인봉을 떼기에 합당하시도다 일찍이 죽임을 당하사 각 족속과 방언과 백성과 나라 가운데에서 사람들을 피로 사서 하나님께 드리시고"(계 5:9)

속량이란 예수님께서 우리의 죄 값을 지불하고 마귀 사탄에게서 우리를 해방시킨 것입니다. 우리가 죄에서 속량된 것은 은이나 금 같은 어떤 물질적인 것으로 속량된 것이 아닙니다.

바로 그리스도의 귀중한 보혈이 값으로 치러졌습니다.

성경은 이 점을 분명하게 말합니다.

"너희가 알거니와 너희 조상이 물려 준 헛된 행실에서 대속함을 받은 것은 은이나 금 같이 없어질 것으로 된 것이 아니요 오직 흠 없고 점 없는 어린 양 같은 그리스도의 보배로운 피로 된 것이니라"(벧전 1:18-19)

우리는 마귀의 수중에서 속량을 받은 것뿐만 아니라, 율법의 수중에서도 속량을 받았습니다. 예수님의 죽음은 우리를 율법으로부터 해방시켜 주는 힘이 있습니다. 율법은 우리를 정죄하지만 그리스도는 율법의 모든 요구를 채워 주셨습니다. 지상의 모든 금, 은, 보석으로 할 수 없는 것을 예수님의 죽으심으로 속량해 주셨습니다.

범죄한 사람과 거룩한 하나님과의 사이에 교제를 회복하기 위해서는 희생이 요구됩니다. 이 희생은 하나님에 의해 지정되어야 합니다.

아담이 하나님과의 교제를 회복하기 위해서는 아담과 하와의 죄를 가리기 위하여 제물이 필요했습니다. 이러한 희생제물이 신약에서는 하나님의 어린양이신 예수님이셨습니다. 이 희생양이 우리를 위한 구원의 옷과 의의 옷을 입혀주기 위하여 죽음을 당하셨습니다.

이 외에 다른 희생은 필요 없습니다.

하나님은 모든 사람을 위한 희생제물로서 예수님의 죽음만으로 충분히 만족하셨기 때문입니다. 예수님의 죽음은 하나님 아버지의 의로우신 요구를 만족시키셨습니다.

오직 무죄한 희생만이 그의 의로우신 요구를 만족시킬 수 있었습니다. 예수님은 자신의 피를 통하여 자신 안에서 거룩하신 하나님이 죄인을 만나실 수 있도록 약속된 장소를 제공하셨습니다.

예수님은 자신의 죽음으로 말미암아 죄인을 하나님과 화목 시켰습니다. 화목이란 그리스도의 죽음으로 말미암아 우리가 다시 영적인 자유를 찾은 것입니다.

예수님만이 당신의 유일한 구원자가 되십니다.

예수님 안에 있는 속량을 통해서 당신도 구원을 받을 수 있습니다.

4. 우리의 죄 문제를 중보자를 통하여 해결합니다.

예수님은 우리의 중보자로서 우리를 구원하십니다.

그분은 여러 면에서 모든 사람과 다르셨습니다.

그분은 무한하신 하나님이신 동시에 참된 인간이셨습니다(요 1:1, 14). 그분은 육적인 아버지가 없었기 때문에 요셉은 수양아버지로서 그를 낳지 않고 기르기만 했습니다. 따라서 어머니 마리아는 요셉과 결혼하기 전에 성령으로 예수님을 잉태하였습니다.

예수님은 인류역사에 있어 처녀의 몸에서 나신 유일한 분이셨습니다. 그분은 성령님을 그의 아버지로 삼고 처녀 어머니를 그의 어머니로 삼아 이 세상에 태어나셨습니다.

그분은 무한하신 하나님이신 동시에 참된 인간이셨습니다.

그분은 우리와 하나님 사이에 중보자가 되시기 위해서 무한하신 하나님의 몸을 입고 인간의 모습으로 이 땅에 오셨습니다. 그분만이 하나님과 사람을 이어 주실 수 있는 유일한 중보자가 되십니다.

중보자는 양쪽 모두를 잘 알아야 합니다.

그분은 하나님께로부터 나셨기 때문에 한 손을 위로 펼쳐서 거룩한 하나님을 잡으십니다. 그분은 여자에게서 나셨기 때문에 다른 한 손을 아래로 벌려 버림받은 죄 많은 사람들을 잡으십니다. 예수님은 우리의 중보자로서 우리의 죄 값을 치르시고 우리를 죄와 저주에서 해방시키셨습니다.

예수님은 우리의 중보자로서 구원의 길이 되십니다(요 14:6).

우리는 길 되시는 그분을 통해서 하나님께 나아갈 수 있습니다.

그 길은 휘장 가운데로 열어 놓으신 새롭고 산 길(히 10:20)입니다.

예수님은 우리 죄를 위하여 죽으시고 운명하시자 성전 안에 있던 휘장이 위로부터 아래까지 찢어졌습니다. 그 결과 우리는 우리의 중보자를 통해서 하나님 앞에 당당하게 나갈 수 있게 되었습니다. 그 휘장이 바로 예수님의 육체였습니다. 예수님의 육체가 우리 죄 때문에 찢겨져 우리가 하나님께 나갈 수 있는 새로운 길, 살아있는 길이 열렸습니다.

예수님이 우리 죄를 위하여 죽으신 것이 성경의 핵심이요 하나님의 계획입니다.

성경은 이 점을 명확하게 말합니다.

"내가 받은 것을 먼저 너희에게 전하였노니 이는 성경대로 그리스도께서 우리 죄를 위하여 죽으시고 장사 지낸 바 되셨다가 성경대로 사흘 만에 다시 살아나사"(고전 15:3-4)

예수님은 자신이 우리의 죄를 용서할 수 있다고 선언하셨습니다.

한 중풍병자를 향하여 그분은 모든 사람이 보는 가운데서 "네 죄사함을 받았느니라"(마 9:2)고 선포하셨습니다. 그분은 오직 하나님이 하실 수 있는 일을 자신이 할 수 있다고 공공연하게 주장하셨습니다. 그분은 자신을 통해서만 하나님께 갈 수 있다고 분명하게 말씀하셨습니다.

"나로 말미암지 않고는 아버지께로 올 자가 없느니라"(요 14:6)

그분은 자신에게 오는 모든 자에게 평안을 주시겠다고 약속하셨습니다.

"평안을 너희에게 끼치노니 곧 나의 평안을 너희에게 주노라 내가 너희에게 주는 것은 세상이 주는 것과 같지 아니하니라 너희는 마음에 근심하지도 말고 두려워하지도 말라"(요 14:27)

우리의 중보자 되시는 그분을 아는 것은 하나님을 아는 것입니다.

그분을 보는 것은 하나님을 보는 것입니다.

그분을 믿는 것은 하나님을 믿는 것입니다.

그분을 미워하는 것은 하나님을 미워하는 것입니다.

그분을 공경하는 것은 하나님을 공경하는 것입니다.

이 엄청난 말들은 반드시 진실입니다. 그렇지 않다면 예수님께서는 거짓말쟁이나 사기꾼 또는 미치광이가 되십니다. 하지만 그분의 완벽한 삶과 놀라운 가르침은 그가 지상에서 살았던 사람들 가운데 가장 경이로운 존재임을 증거하고 있습니다. 그러므로 당신도 중보자 되시는 예수님을 통해서 구원을 받을 수 있습니다.

5. 우리의 죄 문제는 보혈을 통하여 해결합니다.

예수님이 우리의 죄를 대속하시기 위해서

자신의 피를 흘려주셨습니다. 성경은 피 흘림의 책입니다.

성경에서 처음 등장하는 피 흘림의 사건은 창세기 3장 21절입니다.

인간이 죄를 범한 후 자신의 수치를 가리기 위해서

무화과나무 잎으로 치마를 만들어 입었지만 소용이 없었습니다.

다음 구절에 담긴 하나님의 사랑을 보십시오.

"여호와 하나님이 아담과 그의 아내를 위하여 가죽옷을 지어 입히시니라"

하나님이 가죽으로 옷을 만들어 입혀주셨는데

짐승의 가죽은 그 짐승을 죽여 피를 흘려야만 얻을 수 있었습니다.

창세기 4장에서도 하나님은 아벨의 피 있는 제사는 받아주셨고, 가인의 제사는 받아주시지 않으셨습니다. 노아가 드린 제사에도 피가 있었습니다. 창세기 22장에서 아브라함이 드린 제사에도 피가 있었습니다. 출애굽기 12장에서 하나님이 이스라엘 백성들을 애굽에서 구원하실 때에도 피가 있었습니다.

"너희는 이스라엘 온 회중에게 말하여 이르라 이 달 열흘에 너희 각자가 어린 양을 잡을지니 각 가족대로 그 식구를 위하여 어린 양을 취하되"(출 12:3)

레위기에 나타난 제사인 번제와 화목제와 속죄제와 속건제에도 모두 피가 있었습니다. 피의 역사는 계속 이어져 예수님이 우리 죄를 대속하시기 위해서 십자가에 달려 피를 흘리신 갈보리 언덕까지 이어집니다.

그래서 요한계시록은 상당히 분명하게 선포합니다.

"또 충성된 증인으로 죽은 자들 가운데에서 먼저 나시고 땅의 임금들의 머리가 되신 예수 그리스도로 말미암아 은혜와 평강이 너희에게 있기를 원하노라 우리를 사랑하사 그의 피로 우리 죄에서 우리를 해방하시고"(계 1:5)

하나님은 이 피를 통하여 인간의 죄를 속하시겠다고 인간과 언약을 맺으셨습니다. 예수님이 언약을 성취하시기 위해서 피를 흘려주셨습니다. 예수님은 분명하게 말씀하셨습니다.

"이것은 죄 사함을 얻게 하려고 많은 사람을 위하여 흘리는 바 나의 피 곧 언약의 피니라"(마 26:28)

예수님이 말씀하신대로 우리를 위해서 물과 피를 다 흘리셨습니다.

"그 중 한 군인이 창으로 옆구리를 찌르니 곧 피와 물이 나오더라, 염소와 송아지의 피로 하지 아니하고 오직 자기의 피로 영원한 속죄를 이루사 단번에 성소에 들어가셨느니라"(요 19:34, 히 9:12)

그분은 이 말씀대로 단번에 속량을 이루어주셨습니다.

'단번에'라는 의미는 '영원토록 단 한번'이라는 뜻입니다.

예수님이 자기 피로 영원토록 단 한 번에 속량을

이루어 주셨기 때문에 우리도 단번에 죄의 용서함을 받습니다.

단 한 번에 구원을 얻습니다.

히브리서의 기자는 구약의 짐승의 피도 어느 정도 효력이 있어 정결

하게 하고 거룩하게 했는데, 예수님의 피가 성도들의 죄를 깨끗하게 해서

거룩한 하나님을 섬기지 못하게 하겠느냐고 반문합니다.

"염소와 황소의 피와 및 암송아지의 재를 부정한 자에게 뿌려 그 육

체를 정결하게 하여 거룩하게 하거든 하물며 영원하신 성령으로 말미암

아 흠 없는 자기를 하나님께 드린 그리스도의 피가 어찌 너희 양심을 죽

은 행실에서 깨끗하게 하고 살아 계신 하나님을 섬기게 하지 못하겠느

냐"(히 9:13-14)

우리는 짐승의 피가 아닌 예수님의 피로 우리의 죄를 용서받습니다.

예수님의 피는 우리를 하나님께로 더 가까이 나아가게 합니다.

성경은 이 점을 명확하게 말씀합니다.

"이제는 전에 멀리 있던 너희가 그리스도 예수 안에서 그리스도의

피로 가까워졌느니라"(엡 2:13)

우리가 구원받기 전에 그리스도밖에 있었고, 이스라엘 나라 밖의 사

람이며, 약속들의 언약들에 대하여 외인이요, 세상에서 소망도 없고 하나

님도 없는 자들로 있을 때에, 예수님이 십자가에서 보혈의 피를 흘려주셔

서 우리가 하나님께 가까이 나아갈 수 있습니다.

예수님의 보혈은 우리를 모든 죄에서 깨끗하게 하실 수 있습니다.

성경은 분명하게 말합니다.

"그가 빛 가운데 계신 것 같이 우리도 빛 가운데 행하면 우리가 서로 사귐이 있고 그 아들 예수의 피가 우리를 모든 죄에서 깨끗하게 하실 것이요"(요일 1:7)

여기에서 핵심은 '모든'이라는 말입니다.

우리의 죄의 일부가 아니고 모든 죄가 용서됩니다.

당신이 말한 거짓말이나 지금까지 범했던 모든 더럽고 추잡한 행위, 당신의 위선이나 탐욕적인 생각이 모두 예수님의 죽음에 의해서 깨끗하게 되었습니다.

예수님이 귀한 보혈을 흘려주신 결과로 우리는 의롭게 되었습니다.

성경은 분명하게 말씀합니다.

"그러면 이제 우리가 그의 피로 말미암아 의롭다 하심을 받았으니 더욱 그로 말미암아 진노하심에서 구원을 받을 것이니"(롬 5:9)

예수님의 피는 하나님 앞에서 인간의 위치를 변화시켰습니다.

죄책감과 정죄로부터 해방감과 죄사함을 통한 변화입니다.

우리는 예수의 피로 죄사함을 받았습니다.

성경은 분명하게 말씀합니다.

"우리는 그리스도 안에서 그의 은혜의 풍성함을 따라 그의 피로 말미암아 속량 곧 죄 사함을 받았느니라"(엡 1:7)

이 말씀에서 '곧'이라는 말은 앞과 뒤가 같다는 뜻입니다.

즉 속량이 바로 죄사함입니다.

예수님의 속량으로 죄사함을 받았습니다.

하나님께 용서함 받은 우리는 복역 기간을 치르고 풀려 나왔으나 시민으로서 누리는 권리를 박탈당한 죄수와는 다릅니다. 예수님의 피로 말미암아 죄사함 받은 우리는 완전한 시민권을 되찾았습니다.

예수님의 손과 발로부터 죄를 깨끗하게 하는 피가 흘러내렸습니다. 그분의 온몸도 피로 물들었습니다. 가시관 쓰신 이마에도 피가 흘러나왔습니다. 바로 그 피가 하나님과 화목할 수 있는 유일한 소망이 되는 보혈입니다.

성경은 분명하게 말씀합니다.

"그의 십자가의 피로 화평을 이루사 만물 곧 땅에 있는 것들이나 하늘에 있는 것들이 그로 말미암아 자기와 화목하게 되기를 기뻐하심이라"(골 1:20)

세계는 예수님의 십자가에서 평화를 발견하기 전에는 결코 평화를 발견하지 못합니다. 우리가 십자가 밑에 나아가 믿음으로 그분을 만나기 전에는, 하나님과의 평화도, 양심의 평화도, 마음의 평화도, 영혼의 평화도 누릴 수 없기 때문에 예수님의 피 이 얼마나 놀라운 보혈입니까?